鷲田小彌太＋杉山尚次

2都物語 札幌・東京

2つの「ひばりが丘」から歴史探索を開始する

言視舎

はじめに

たいした人生を送ってきたわけではない。そんなわたし（鷲田）に、「1つ」確信めいたものがある。

ともに生きる相手、夫婦、友人、仲間、そして住む場所、職場、仕事等々、そのほとんどすべてにわたって、「対立や矛盾」をはらんだ「要素」と結びあうのを常としてきたことだ。私が「専攻」した哲学用語で言えば、「対立物の統一と闘争」、つまりは、「発展」するものは「矛盾」をその内部に抱え込んでいる、だ。

わたしは、父母、とりわけ母に溺愛された。しかし、人生をともにする相手を、母と基本的に「性格」を異とする人を選ぶ。43歳、初めて「給与」だけで家族を扶養することができるまでの「苦節」（古くさいな！）を乗り切ることができたのは、「妻」の「献身」あってのことだ。

私が、本書で描こうとする「2都」物語、私の「愛郷」＝「厚別」物語は、矛盾と対立をはらむ、成功と失敗に満ちた、「小歴史」＝「物語」だ。開拓期から「現在」に続く「大変貌」の一端を読み取っていただければ、幸いである。

わたしは、10歳の時、郷里（厚別）から出ようと決心した。合法的な「家出」は大学進学だが、九州は遠すぎ、東京は親戚筋が多くやっかい、京都がベターと思えた。

「向学心」を餌に、両親を動かし、高校は越境入学。反対はあったが、京大・（翌年）阪大を受け、2度失敗。親の面汚しだったろうが、「愚知」さえなかった。大学・大学院を10年、それでも大学のポスト（定職）はやってこず、35の時友人の尽力で津市立短大に職を得る。そこで8年、43歳1983年、札幌大に転じて、ようよう郷里に戻る。

厚別は農村から「都会」に大変貌。すぐ、過疎地に移転。そうそう、短大の8年間、住まいは過疎地の伊賀神戸、また長く住んだのは長沼町字加賀団体、初めは定住者なしの超過疎地だった。

2016年、「愛郷」厚別に戻った。私の「長い旅」は、この「2都物語」でようやく終わりを告げたようだ。

（鷲田小彌太）

2都物語　札幌・東京―2つの「ひばりが丘」から歴史探索を開始する【目次】

第2章　公団「ひばりが丘団地」　札幌副都心の起点　54

第3章　「副都心」構想　拡大する新団地造成計画の概要　78

第2部　新・北多摩風土記——杉山尚次　115

第1部

2都物語　新札幌と西東京市

——鷲田小彌太

序章　2都物語

えっ、「2都物語」、それも、「札幌―新札幌」と「東京―西東京市」の2都物語だって⁉

ハンガリーの首都、ドナウ川を挟んだ、ブダペスト（ブダ＋ペスト）に類似しているの？

ええ、大小・歴史（古い、新しい）を問わなければ、まさに類似している、と断言・確約していい。

1　はじまりのはじめ　市町村合併

（1）市町村合併　廃藩置県から昭和・平成の大合併まで

本書「2都物語」は、ディケンズ（英　1812～70）『二都物語』（1859）の「パリとロンドン」の類いを模してのものではない。

本書が主題とする「2都物語」は、世界でも日本でも、「時代」あるいは「大小」を問わず存在してきたし、こまかく探せば、どこにでも存在しうる「タイプ」（典型）の1つ（複合型の市町村・集落）であり、現に存在している1「サンプル」（実例）にすぎない。

この意味で、むしろどこにでも見かけることができる、「平凡な物語」だといっていい。皆さんの目を多少転じ、時間を多少遡れば、どこにでも「発見」することができる。


近くは、「平成の市町村の大合併」（1999＝平11〜2011＝平22）があった。政府主導による「市町村合併特例新法」の施行で、つい最近のことのように思えるが、ご存じだろうか？「忘れた⁉」「エッ、それなに？」といわれたらいたしかたない。過ぎ去ってしまえば、「それなに？」というていどの、「記憶」をたどれば、「あっ、そんなこと、あったよね⁉」で終わりかねないことだが、日本「近・現代」史のなかでは、特筆大書すべき画期的「大事件」なのだ。

しかも、2つの「先例」があった。

1 「廃藩置県」→明治の大合併

明治維新政府は、1871（明4）年、徳川「幕藩体制」を廃止し、地方を明治政府の中央統制管理下に置く「廃藩置県」を断行、全国を「1使」（北海道開拓使）、「3府」（東京・大阪・京都府）、「302県」に分割した。今に続く都・道・府・県制の「原型」だ。もっとも、旧藩の形骸は残った。

さらに1889（明22）年、「市制及町村制」を導入、市町村数を約7万から約1万6000、およそ4分の1にした。あわせて、「明治の大合併」といわれる。

2 「昭和の大合併」

敗戦後10年＝1956（昭31）年、「もはや戦後」ではない（「経済白書」）といわれた。

1953（昭28）年の「町村合併促進法」（第3条「町村はおおむね、8000人以上の住民を有するのを標準」）と、56（昭31）年「町村合併・新市町村建設促進法」（1町村1中学の設置・管理等を目的とする）、が制定され、町村数は約3500に減少、逆に市の数は倍増した。「昭和の大合併」といわれる。

3 「平成の大合併」

市町村行政の「広域化」はとまらなかった。政府は、市町村合併促進のため、1995（平7）年、新たに「市町村の合併の特例に関する法律」（合併特例法）を制定、また国・都道府県などの合併促進措置や議員定数、選挙区などに関する特例法を施行する。「平成の大合併」といわれる。

この間、1995年に、「住民発議」制度の創設を含む大幅な改正が行なわれ、結果、2018年度、市町村数は、3232（670市　1994町　568村）から、1821（777市　846町　198村）に減った。「平成の大合併」といわれる。

（2）「西東京市」の出現　田無と保谷

「平成の大合併」はその過程でさまざまな「物語」を生み出したが、わたしを個人的に最も驚かせたのは、「西東京」市の出現だった。どうしてか？

1　市名「西東京」にビックリ！

明治維新は、古都「京」に対するに新都「東京」の出現であった。

ならば、「東京」に対する「西京」ではないのか？　「西東京」、まずは、「どこだ?!」（そういえば、「西京市」は、「北九州市」命名候補の第1位だった。）

東京（都）の「西」なら、檜原村・あきる野・八王子の地名がすぐに思い浮かんだ。多少土地勘もあった。いや西「東京」だ。もっと「嵩（かさ）」が大きくなくては!?　じゃあ、「大連合」か？

ところが、「田無」（7万7737人）と「保谷」（10万1962人）、両市（2001年）の合併だという。「エッ、『東京』に対するに、小っさ!?」。

それに「西じゃない！　東すぎる？」

「田無と保谷も、文字通り、地味！」……

東京の「西」にかぎっても、中央線沿線に、合併して「西東京」と名乗っていい市・町・村がたくさんあるじゃないか？「なのに、どうして？『田無＋保谷＝西東京』なの⁉」と思えた。それに、だ。何はともあれ、「田無」と「保谷」には、「多少」土地勘や人間関係があった。率直にいえば、「あの田無と保谷が、なぜに『西東京』なの？」、だった。

2　江戸前の紳士　藤野順

藤野順さんの出版記念会（青弓社主催）に、池波正太郎が特別ゲスト（？）のかたちで出席した。もう晩年（？）の池波（1952〜90）で、杖をつき顔色もずいぶん悪かった。藤野さんとは特別の関係らしい。、あとで調べたが、『食卓の情景』（新潮文庫　1980）で、こうある。

「藤野氏は私同様、東京に生れ育った人で、年齢はさて、私より三つ四つは上であろうか。ある新聞社の大阪の部長さんで、目下西宮に独りずまいである。

いかにも、むかしの東京人を目のあたりに見るおもいがする人である。美男子でおだやかに気前がよくて、奥さんを大事にして、気がおけなくて、酒が強くて品がよくて……いやもう、私にいわせれば、いうことがない人だ。」

池波がこれを書いたのが、1972（昭47）年、たしか同じ頃に藤野氏の奥さんがその西宮から茨木・美沢町のアパート（拙宅）を訪ねて来ていた。むろん私をでなく、私の妻の母（上阪中）をだ。藤野さんが、戦前、拓殖大学で義父と親友であった縁からだ。当時、すでに義父は亡くなっており、義母が郷里から生まれたばかりの子をみとどけるための上阪であった。

3　実践的読書人

藤野さんが、59歳（1974）1月、現役を退いてから書いたのが『放浪読書学——定年からの旅立ち』（山手書房　昭54・6）で、書評する機会があった。

「高齢化社会」が社会問題となり、退職後の生き方がよく議論のはしにのぼりはじめたころだ。藤野さんにとって、望んだ、退職後の「晴耕雨読」は、心躍る事態ではなかった。まず、すぐに大病に襲われた。「読」も絶たれ、ただ「眠る」ことだけが残される。健康が回復し、人並みに活動ができる自信のつくまでに3年だった。だが、回復は復活ではない。老化、とくに耄碌が着実かつ加速度的に進行しはじめている。これをいかに防ぐか。ここから、雑然と読むのではなく、読書に系統をたてること、さらに読みっぱなしにせずに読書感想を書くことを日常的に課す。こうして、「書きたいものを書く」「ペン一本で生きる生活」が始まる。結果、独特な「歴史」「評伝」作家が誕生した。

4　月1・鈍行で、伊賀神戸〜新宿

藤野順さんは、『アサヒグラフ』や『朝日ジャーナル』の編集長を歴任、朝日新聞出版編集部長で退職後、物書きに転じ、歴史＝事件や評伝＝人物論等に材をとった、独特な香味のある書

物を残した。その藤野さんが、田無の住人だった。

わたしがようやく1975年、35歳で津市立短大に職（常勤講師）を得ることができ、1970年代の後半、物書きの世界に足を入れはじめた頃だ。

定職を得たが、低給のため、非常勤講師をやめるわけにはいかない。

週2日（昼・夜　短大）+2日（昼・夜　大阪の私大＝非常勤）、土（大阪堺　家庭教師）へ、「仕事」と「学生運動」のし残し・整理に「東奔」（?）西走していた。その「ガス抜き」といったら「不遜」だが、月1、上京を（妻から）許された。

近鉄・伊賀神戸から伊賀上野をへて関西本線で名古屋へ、そこから中央本線に乗り換え、長野、甲府をへて、夕暮れ時に新宿へと滑り込む。すべて「鈍行」（甲府を過ぎると準急?）であった。「鈍行」に乗る「癖」と「楽」は、いまでも忘れていない。

5　新宿（喧噪）〜田無（静寂）

夜、藤野さんと新宿で飲む機会がある。遅くなるたびに、西武新宿線の田無にある閑静な住宅街のお宅に泊めてもらうことがあった。のちに、藤野さん自身が、伊賀神戸の拙宅へ訪ねてこられ、二人で、司馬遼太郎『梟の城』発端の「場」となった「御伽峠」に登ったりもした。

この出会いにはもうひとつの奇縁があった。藤野さんは、私の中学時代の「地理」の教師で、のちに「義父」となった（故）加藤賢司と大学が同期であった。藤野さんとわたしとの奇縁は、私の最初のベストセラーとなった『大学教授になる方法』（青弓社　1991）の出版社主、矢野恵二さんの引き合わせもあって、これからこそというのに、藤野さんの「夭折」で終わった。

「田無」は「文人」藤野さんとの奇縁とともにあった。

その田無は、藤野さんが「静寂」の人であったとおなじように、（無断）訪問がいつも「深夜から早朝」のみであったこともあって、「閑静な住宅街」という以外の印象を残していない。だから、「何で埼玉！」ご同様、「何で田無が（西東京）!?」だった。

6　「狂騒」の人に似て　栗原佑先生　名著・マルクス伝の訳者

いまひとりは、「保谷」の「住人」だった栗原佑（たすく）先生（1904〜80）だ。

キリスト教者で、京大で左翼運動に加わり、戦後、大阪市立大の経済学部教授を歴任、くわえて、わたしにとっては、名著、フランツ・メーリング『カール・マルクス　その生涯の歴史』（大月書店　1953）の翻訳等で知られた「学恩」（！）の人だ。ま、ハイネを愛した「詩人」でもある。そして、拙訳（ドイツ語版重訳）で最初の著作、プレハーノフ『マルクス主義の根本問題』（福村出版　1974）では、ひとかたならぬご教示・鞭撻をいただいた。

「君の訳は、場末の映画鑑賞さながらだ。入ったときは、暗さもあって画面に集中できる。が、すぐ暗さに慣れ、周囲の居眠りや、せんべいを囓る雑音が気になる。そんな風だ。」

これにはグーの音も出なかった。先生は、一言でいうと、旧左翼には珍しい「洒脱の人」で、藤野さんとは真逆、「左翼」嫌いの左翼「思想」の持ち主だった。

それに、先生は、私の大学生・大学院生時代の指導教授（倫理学講座）、相原信作先生と京大「同期」で、戦後（！）、はじめて2人がお会いするきっかけを作ることができた。直後、相原先生から初めてで最後の「お褒め」の言葉、「このたびはご苦労さん！」をいただいた。

その後も、栗原先生とは、何度か、長・短の奇妙な主題も目的も稀薄な2人だけの「旅」（？）をともにすることができた。先生は、藤野さんとは「正反対」、自由闊達な言動を崩すことはなかった。一度など、同志社大学の「農場」（？）へゆくが、食ったことのない「珍味」をごちそうしよう、と、京都くんだりまで誘われ、それも山の中腹のだだっ広い畑の真ん中で降ろされた。用意されたものは、豆腐とネギの山で、それを一升瓶に詰めたつけ汁でひたし、七輪の網で焼くだけの、食べたことのない「珍味」という触れ込みであった。たしかに、珍・味というほかなかった。ただし、それで、終わり。先生の「どやー！」という顔だけが、いまでも印象に残っている。

当時わたしは「定職」がなく、2人の子を抱えて、非常勤講師と家庭教師に「専心」しなければならない時代であった。そうそう、1度、長男が生まれた時期であったが、拙宅を訪ねられ、1夜、酒を痛飲したことは記憶に残っている。

その先生が、何の前触れもなく、1980年正月（1月4日）に亡くなられた。（もっとも、あとで知ったのだが。)

栗原先生が亡くなられて後、確かお宅に手紙を書いたのがきっかけだったように覚えている。「娘」(?)さんの手引きで、西武池袋線の保谷市にあった(駅からバスに乗ったまでは覚えているが)、バス停からかなり探して、先生のお宅を訪ねることができた。その一角にあった、天上までとどく書架に詰め込まれた書物を抱いた、「田舎教師」の住まい(庭のプレハブに段ボール詰めされた書物等を含めて)をみて、わたしは、「田園まさに荒れなんとする」風景のなかに佇む感がし、その風景があまりにも「ド田舎」で、「田無のとなり」とは到底思えなかった。

(3)「東札幌」市構想　4案

しかし、というか、だから、というべきか、「西東京」市から、パッとひらめくところがあった。

当時、わたしは(もとは「海底」であった)「石狩平野」の東端を「馬追山」で塞がれた、人口1万の長沼町字加賀団体に住んでいた。文字通りの過疎地域だ。

北海道の「市町村合併プラン」を考えていたときで、すぐに「西東京」市からヒントをえて、「東札幌」市のプラン、4案がとび出た。

ただし、「東札幌」という「地名」それに旧駅名はすでに「知る人ぞ知る」で、札幌市白石区にあった。何、かまうものか、「西・東京」に対する、「東・札幌」なのだと。

1　長沼＋南幌＋由仁＋栗山の合併　開拓＝米作の町

石狩平野の最「東端」を占めるこの4町は、旧仙台各支藩が手を染めた、開拓期以来の深いつながりがある。だが、開拓は「由仁」からはじまったのに、そこから各町に分裂していき、現在、「栗山」が中核で、置き去りにされた「由仁」の歴史は癒えていない。しかも、先人部隊だった由仁が今や最も沈んでいる。栗山中心の「東札幌市」にはＯＫできまい。

2　基地の町　千歳＋恵庭

両市とも、ハブ空港＋自衛隊基地を抱え、21世紀、北海道でも稀な「拡大と充実」の余地がある。観光資源も豊かで、世界中からダイレクトに「客」をよぶことが可能だ。

だが、両市ともすでに「独自性」を持つ。「東札幌」では、むしろイメージ・ダウンにつながりかねない。

当時、わたしは長沼町に住んでいたので、「基地」の町＝「千歳＋恵庭＋長沼」の合併がベストと思えたが、反応は薄かった。ちなみに、千歳空港に着陸するとき、とりわけ夜間、馬追山の西上空を降下地点にして、広い千歳空港路へ降りてゆくのは、なんとも雄大で安定的なのだ。

3　岩見沢＋栗山＋由仁＋長沼

これに江別を含めると30万都市になる。名実ともに、「東札幌市」にふさわしい。だが、江別をのぞけば、この地域、長期低落傾向は否めない。それに、中心の「岩見沢」市は、開拓と交通の要路を長い間占めてきた。その「名」を簡単に捨てられるか？　むずかしい。もっとも、岩見沢は、すでに札幌のベッドタウン化しつつあったのだが。

4　北広島市(単独)→東札幌

「北広島」は、「広島」出身者が鍬を入れたところだ。「北の『広島』」にこだわらなければ、即、「東札幌市」として最・速＝適だろう。なぜか？

千歳（空港）と札幌の「中間」に位置する。鉄道・車移動の要路が走り、札幌・新さっぽろ・「東札幌」・千歳・苫小牧の一大ベルト地帯の要路の中心だ。すでに札幌市のベッドタウンとなっている。さらに、プロ野球「日本ハム」本拠地の新設が計画され、旧北広団地の「再開発」気運も盛り上がる。それに、余力があれば、地続きの長沼さらには江別と吸収・合併も可能だ。その上、野幌原生林、石狩川・千歳川（・夕張川）に接する、北海道観光・交通の要所だ。すでにして「東札幌」の資格がある。

だが、である。札幌市の都市計画では、「東札幌」＝「新札幌」（「厚別」エリア）であったのだ。（これはのちに詳しく。）

（4）北海道は、平成の大合併には「超」消極的

1 「212－178」＝34

北海道の市町村は、「平成の大合併」には極めて消極的で、それは数字にはっきり表れている。

1 合併は、34（＝212－178）市町村減に過ぎなかった。北海道の合併問題は、まだ序の口にさえ達していない。

2 たしかに、北海道は、他府県に比べて、自治体（市町村）が「広」領域であった。

だが、すでにモータリゼーション（「自動車の大衆化現象」）のまっただ中にあり、移動は道路網が高速・一般道ともに「整備」されてきつつあった。

当時、わたしは自宅（長沼）から職場（札幌大学）まで60km、自家用車で通っていた。理由は、他の「公的」交通機関がなかったからで、およそ片道、1時間前後。ちなみに、子ども女子2人の小中登校は6kmを妻が自家用車で送迎、中学男子は自転車通学。

ただし、札幌からは、北海道の東西南北の主要都市まで、車で、最短の苫小牧で1時間、旭川・室蘭は2時間弱、最長の根室で6時間、4～5時間が北見、函館、網走、釧路の順だ。およそ1日あれば、一仕事して、「ゆっくり」往復できた。ハードな仕事でも、私自身、何度も、予

備の運転手を頼んで、余裕を持って往復していた。

2 「ひばりが丘団地」→副都心「新さっぽろ」

1 そんな折だ。「東札幌市」はどこだ、と自問自答していて、はっと気づいた。「東札幌」はすでにあった。「東」ならぬ、わたしの家郷に近接する「新さっぽろ」で、それも、私が生まれ、2016年、長沼から戻って今住んでいる「厚別中央」エリア内のことだ。厚別は、かつては「寒村」の1つにすぎなかった白石村字厚別→札幌市白石区厚別東町→札幌市厚別区厚別中央＝「副都心 新札幌」へと大変貌していた。

2 その「端緒（スタート）」となったのが、「ひばりが丘団地」建設で、この経緯の「確認」に、むしろ、わたしがとまどった。

あの「西東京市」へと変貌する「ひばりが丘団地」の歴史と、札幌市の「副都心」＝「新札幌」へと変貌する「ひばりが丘団地」の歴史、ここに私の「2都物語」がはじまったからだ。

3 そのときである。時を同じくして、『北多摩戦後クロニクル』（言視舎 2024・3）が送られてきた。

「クロニクル」とは「編年史」＝「年代記」のことだが、書中にドンピシャリ、「2001年田無と保谷が合併し「西東京市」誕生 100年越しの構想が実現」（片岡義博）が、そして奇しくも、「1960年『ひばりが丘団地誕生』……」（杉山尚次）を発見する。

言視舎は、この20年余、私の本を出し続けて（およそ50冊以上）、後期の主要著作は、すべて引き受けてくれている。杉山さんはその社の社長兼編集長だ。

２０２４年夏、のびのびになってきた、かねての約束であったが、メール「拙宅にお招きしたい。ついては『プレゼント』を用意した。一夜、膝を交えて呑みかつ談笑を、お誘いしたい。」を送った。

杉山さんの初来訪が実現。……、「２都物語」を書こう。……とにもかくにも、「同意」いただいた。

ことは日本である。だが、まずは「横道」だ。

2　「2都」とは？

(1)　クラコウを知っているか？

初めてヨーロッパを訪れた時のことだ。ソ連邦が倒れてまだ数年後のことで、まず、ポーランド南部のクラコウ（クラクフ）空港に降り立つ。

ひどく寒い日で、空港をとりまく疎林はコウのコロニー（群生地）で、巨大かつ面妖で不潔たらしいコウの群れとその鳴き声の、衝撃的な「非歓迎」メッセージをうけた。

古都名のクラコウは、「サラミソーセージ」のことで、ビールの友だ。例えば、ドイツのハンブルグ（＝ハンバーグ）の類いで、ポーランドの古都、日本でいえば京都。その夜は、なんと旧王宮の一部を改装したばかりの「ホテル」（？）に泊まった。周囲は真っ暗、外出もままならなかった。

次の日、バスで街中を回ったが、「戦災」の跡はほとんど見られなかったものの、旧市庁舎のあった中央広場にあるバザール（「市場」）を見て回る。品数も少なく、絨毯などが主商品で、なんとも素寒貧。翌日、アウシュビッツの強制収容所を訪れたので、日程の関係で、首都ワルシャワには向かわず。

ポーランドの「2都」が、古都クラクフと首都ワルシャワだ。日本なら、京都と東京。

(2)「難波」と「飛鳥」……、東京と「大阪都」構想

日本は、「政都」が古くは「難波(なにわ)」と「飛鳥(あすか)」が、続いて「飛鳥」と「平城(なら)」、……「平城」と「平安」が、……「京」と「鎌倉」……「京」と「江戸」、そして「京都」と「東京」(東・京都)があった。ずーっと「2都」である。特に日本に限ったことではない。イギリス、フランス、ドイツ、等々、チャイナ、ロシア、アメリカ、等々もご同様だ。

そして、近・現代に入って、京都は「古都」で、「商都」大阪と「政都」東京になり、さらには現在、「東京」と「横浜」、「大阪」と「神戸」という形の一対の巨大「2都」もある。

21世紀に入って、東京「都」に対する、「大阪都」構想の挫折(2015年)があった。

日本人の「常識」(?!)では、東京はロンドンやニュヨーク、パリやベルリン、モスクワや北京と肩をならべる、「世界都市」である、ということになったのだろうか? 政治・経済・文化等々にあいわたる「メガシティ」のことだ。

(3)「2都」もさまざま　白石と厚別

1　2都は無数

米のロス(西)とニューヨーク(東)、シカゴ(北)とヒューストン(南)、ニューヨーク(商・文化・世界都)とワシントン(政都。大統領府)と同じように、日本も「2都」の国だ。

国だけではなく、都道府県さらには市町村、地域・地区(ローカリティ)においても、政治・経済・教育・文化・祭祀等々、大小にかかわらず、「中心」は一つではなく二つ(以上)ある。否、複数のほうが、むしろ「通例」だろう。

2　白石＝集団、厚別複数・単独入植

私(1942〜)が生まれた「厚別(あつべつ)」は、当時、石狩郡白石村字厚別であった。だが、白石村は、ざっくり言えば、「生まれ」も「育ち」も対称的な、白石(兄)と厚別(妹)の双子村、といっていい。

「白石」は「素性」(生まれ・育ち)がはっきりしていた。幕末、戊辰戦争で「敗北」した(旧仙台支藩)白石藩の「武士」団が、明治初期、北海道の開拓を目して集団入植した地の1つだった。

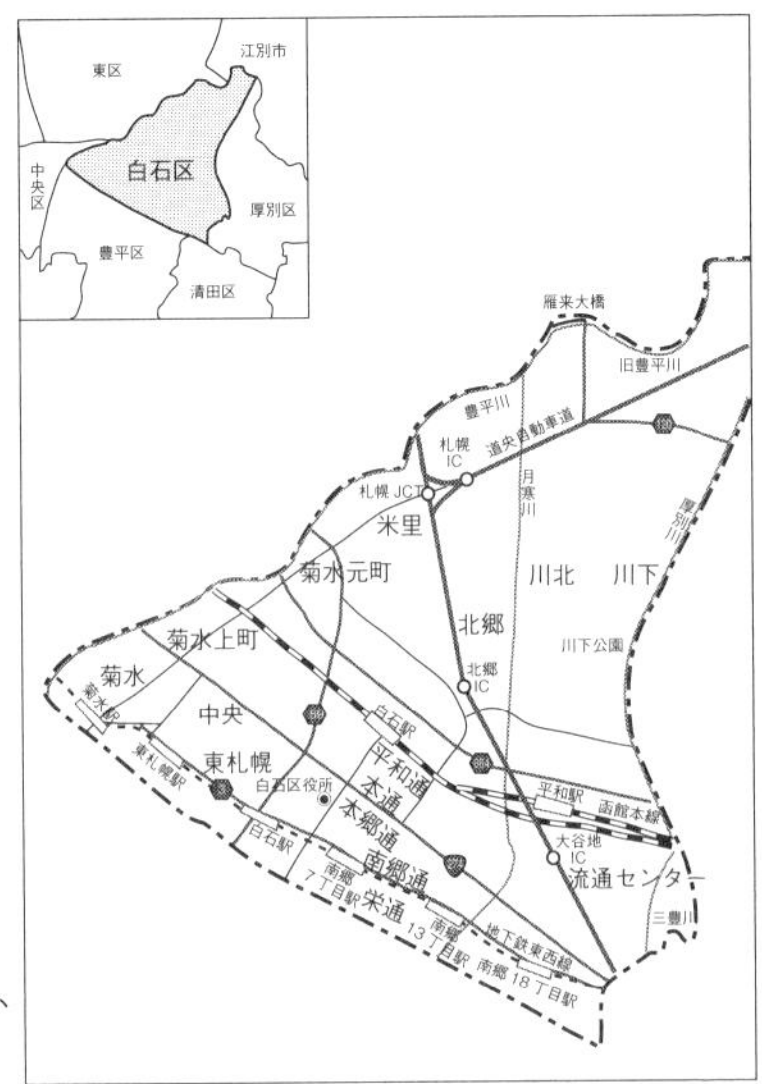

『札幌の地名がわかる本』(関秀志他、亜璃西社)を引照

対して、厚別は、明治10年代なかごろ、信州諏訪出身の水稲「農民」団（10数人）が中核となったが、他は、少人数あるいは単独で入植してきた地で、白石とはおよそ「非対称」だ。

3 旧白石藩の開拓は困難を極めた

ただし、北海道開発は、独立の予算と権限を持った「開拓使」（独立省庁 1869〜82）が、「開拓使官有物払下げ事件」もあって、「満期」12年で終わり、地方自治体の1つにすぎない函館・札幌・根室「3県」に分割され、大幅な権限縮小もあって、予算をはじめ開拓事業「援助」等が削減され、原則、開拓はセルフ・ヘルプ、「自力更生」＝「自立自尊」に転じた。

そのなかでも、旧白石藩の「入植」は困難を極めた。

白石藩は、戊辰戦争で破れた旧仙台藩の支藩で、「明治維新」で、「武士」の身分を失う。白石藩第一陣の「幌別」（室蘭の西北）開拓は、「自費」入植（600余戸＝2600人）で、まず、移民費用「算出」に苦しむ。しかも、「貫屬」（開拓使＝北海道道庁に「戸籍」が属する。現在でいえば、住所不定ではなく、「現住所がある」）にすぎなかった。事実、いったん入植した幌別は、分解していった。

対して、白石入植団は、武士団の結束を崩さず、2度の遭難（「咸臨丸」——あの勝海舟が艦長となって太平洋を渡った中古船——の座礁と転覆）にも屈せず、石狩（浜）に上陸、明治5年2月までに104戸380人が、入植を果たす。

村の「開拓事業」は、旧藩＝武士団の組織を基本（屯田兵村をモデル）とし、豊平川東部に広がる丘陵地の開墾に励む。総じて旧藩（故国）を失った旧仙台藩開拓団は、当別・由仁・長沼・南幌等々をはじめ、北海道開拓に大きな足跡を残した。

4 行政・商工は白石、農＝水稲・酪農は厚別

この白石村、行政と商工は白石が、水稲と酪農は厚別が中核を占めた。

ただ、札幌市と境を接した地に「遊郭」ができ、札幌からの移住者も増え、「上白石」が札幌と白石をつなぐ「支所」として独立性を強めてゆく。

白石は、札幌に隣接している。これは地政学的に、白石が厚別の「兄」としての役割を際立たせた。ただし、ことは単純ではない。それは、白石村の「趨勢」を示す、第１回国勢調査（１９２０＝大正９年）の村内部落の人口構成に、はっきり現れている。

白石（米里＋上白石＋横町＋中央＋本通＋南郷＋北郷）＝２３９６人
厚別（旭町＋東区＋西区＋川下＋小野幌＋下野幌＋上野幌）＝３０１６人
＊大谷地４４９人は混在。「人口」では、白石に厚別が勝っていた、といえる。

5 厚別は北海道水稲農業の先進地帯

厚別は、北海道における水稲の先進地帯であった。

米を「3食」食べたい。これが「しょっぱい河」(津軽海峡)を渡って(「流れて」)きた移民とその子孫の共通の「願い」であった。

「厚別」はその願いを実現しようとして奮闘してきた、北海道水稲栽培の先進地域だ。

1883(明16)年、厚別各地に、信州諏訪出身の河西由造(厚別西)をリーダーに、水稲「軍団」が根を下ろしはじめた。なかでも、中沢(東区)、小池(川下)、秋本(小野幌)、小林(下野幌)等々がその先陣役を務め、3〜4代目が父やわたしたちの同級生にもいて、相変わらずリーダ役を務めていた。そのなかでも、私の小学期、近所に住まいのあった中沢さん一家のバルコニーがある白い「瀟洒」な家をのぞきに行った記憶か、かすかに残っている。

だが、3度の「白い飯」の願いが「実現」した1960年代、米食が地位を低下させてゆき、気がつけば、札幌市が超急速に拡大拡張した。特に目を引いたのは、石狩川と厚別川とその支流流域の広大な低湿泥炭地に、住宅建設はおろか、団地や道路等をはじめとする重量建造物がガンガン建ち始めたことだ。

そして、気がつけば、建築・土木工法の技術革新もあって、泥炭地上に広がっていた「水田」すべてが姿を消した。

白石も厚別も、札幌のベッドタウンや交通・運輸の要路となり、物流の一大センターに変貌していった。この間わずか(というべきか)、20年だ。

6 厚別の2都

厚別もまた、開基以来「2都」をもった。「中心」を2分しつつ、厚別を強化してきた「源」だ。東区（東町）と旭町で、現在、合わさって、1つの「厚別中央」町となっている。

1 その厚別、中核を占めた「東区、西区、旭町」の他に、「川下・山本・小野幌・下野幌」部落、それに「白石」等との境界がはっきりしない「大谷地・上野幌」部落で構成されていた。

区や町と部落のちがいは、住民の集約度（人口密度）に表れていた。東区と西区は、旧国鉄「厚別駅」の周辺に、旭町は（旧）札幌・江別街道（後の国道12号線）の沿線に集まり、厚別駅と江別街道を結ぶ直線の「停車場通り」開通により、「2都」は強く結ばれた。

この東区と旭町の「結合」に力があったのは、阿部仁太郎で、豊平から厚別に出て、旭町にまず阿部牧場（1997 明20）を、そして厚別郵便局（1906 明39 兼金融機関）を開き、厚別開拓の最大功労者の一人となった。

ただし、水稲の町・厚別の中心は東区で、厚別駅周辺には、農協、信濃小・中学校、信濃神社、智徳・大行・安楽寺、厚別墓地がそろい、「日常雑貨・食品」がそろう店が出現し、「独立」村の中心条件を着々とそろえていった。

その上、12号線の本格「開通」、とりわけ大型車・バス開通は、はるかあとの1950年代後半で、それまで12号線は、東区の停車場通りへと大きく迂回していた。*

*ちなみに昭和14年、厚別の人口は、東区（600人）旭町（373人） 白石村役場調べ。

2　川下・山本・下野幌・小野幌（そして、一部大谷地）部落は、それぞれ厚別川、山本用水、下野津幌川、小野津幌川流域で稲作を主業としていた。東区と旭町が「2都」ではあったが、稲作地帯こそ、厚別の「宝庫」＝主産業であった。

さらにいえば、東区は水稲農家を基盤とし、学校・神社・農協（金融）・雑貨商・厚別駅（＝鉄道運輸）を中核とする、1個の「独立」体をなしていた。対して、旭町は、酪農業・郵便局（金融）・国道12号線（札幌─江別＝北海道の中央幹線）を基盤とし、周辺の豊平・北広島・江別等と強いつながりがあった。*

*80年近くたっても、強く、忘れることのできない記憶がある。

1947（昭22）年、正月元旦のこと。前日から、恒例のように、父に連れられ、母の実家に来ていた。祖母が、豊平町平岸の一角でりんご園をやっていて、大家族の親族会は、いつも話し好きの父の独壇場であった。

その最中だった。予定日が過ぎていた母の出産が切迫している、という電話が入った。酒が呑めない父である。すぐに帰宅ということになったが、「足」がない。バスも電車も汽車もすでにない。（たとえ交通機関が利用できても、普通に、歩き、乗り換え、乗り継ぎが面倒で、2時間強かかる。）

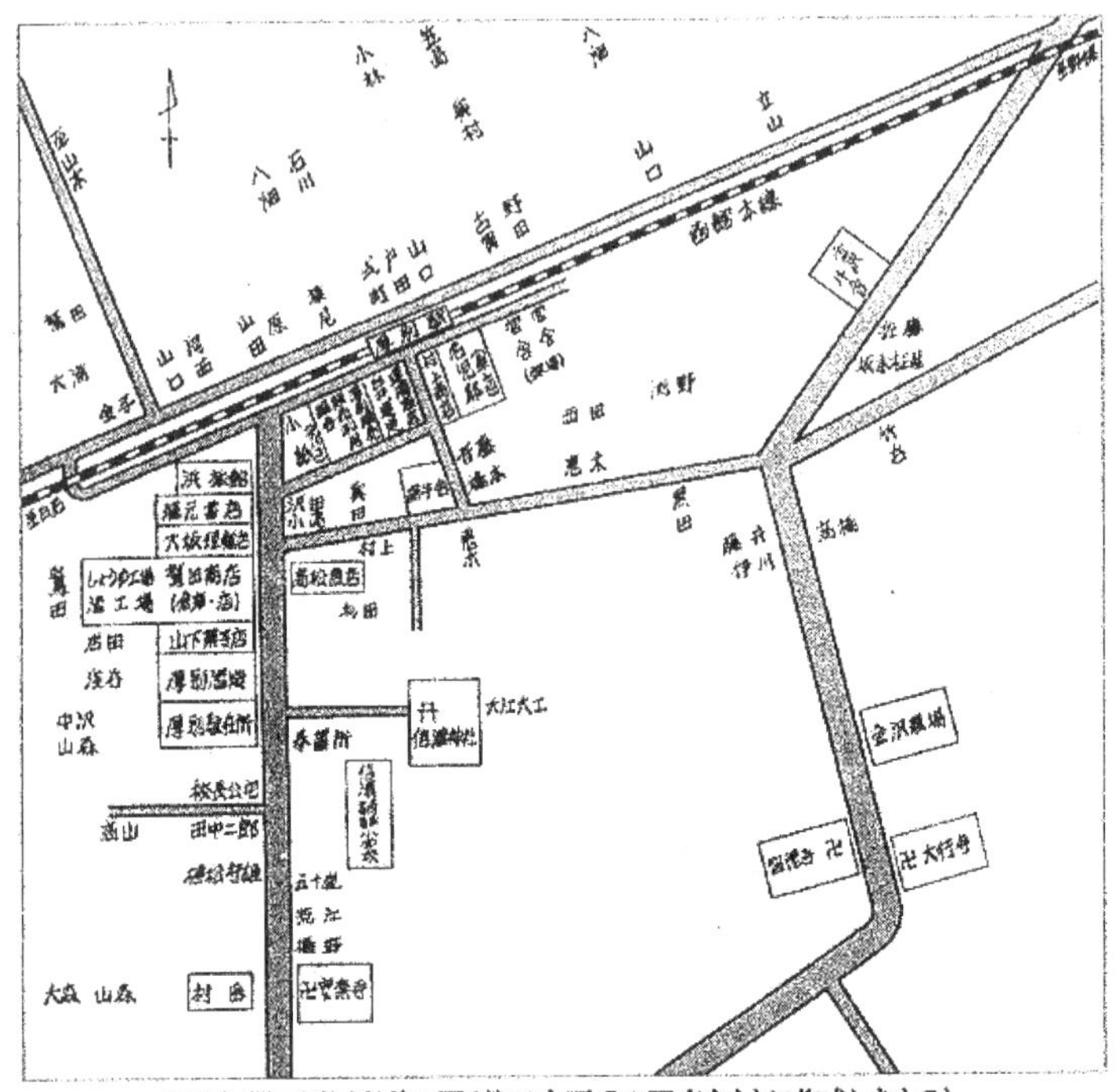

昭和初期の厚別駅前の図（鷲田金彌氏の調査をもとに作成したもの）

『札幌歴史地図〈昭和編〉』（さっぽろ文庫、1981 年）より

厚別郵便局（大正 10 年当時）

大正 9 年頃の国道 12 号線
（『厚別開基百年史』2 点とも）

他に手段がない。「馬橇(そり)」を頼んだ。積雪1m以上で、真っ暗のなか、雪原(?)のなかを突っ切ってゆく。ほとんど迂回しない(?)。寒かったこと、揺れに酔ったことは覚えているが、実家にあっというまに着いたように感じられた。

豊平と白石・厚別は、地図上で見れば、「隣接」しており、「直線」では近い。もし、公共の交通機関を利用すると、平岸から、バス、定山渓鉄道(平岸街道→豊平橋)→市電→国鉄(札幌駅→厚別)と、乗り継ぎと歩きを入れると、2~3時間近くかかる。

堅い雪上をゆく馬と馬橇の音の他、シーンとしている。何度も「橋」を渡ったように思える。だが、気づいたときには、実家に着いていた。まだ暗く、玄関の戸を開けると、赤ん坊の声が響いた。わたしが5歳のときだ。以上は、「こどもの記憶」に過ぎないが、この妹、亡くなるまで、実に多くの印象深い「事件」(記憶)を残してくれた。

3　そんな厚別が、札幌市に併合され、白石とともに拡大し、白石区厚別になり、札幌の「副都心構想」にのって、通称「新さっぽろ」とよばれるターミナルステーションを中核とする、人口10万余の厚別区に変貌してゆく。「札幌―新札幌(東札幌)」の夢(!?)=「2都物語」の「出発」である。

（4）厚別もつねに2都だった

1　厚別　札幌の東端

「白石」村は、「開」村以来、すでに何度も述べてきたように、開拓の歴史が異なる「白石」地区と「厚別」地区からなっている。小なりといえども「2都」なのだ。両都の最大の違いは、政都札幌への「距離」と「開村」事情にあった。

その厚別の東は、「野幌」で、過去は江別村（→町）、現在も江別市に属するが、もともと江別（村）でも「独立性」の強いエリアで、厚別との「連続性」が強いことが「地名」に現れている。現・厚別（区）の地名に残る、上野幌・下野幌・小野幌は、野幌丘陵・原野の「一部」だ。白石と厚別の「境界線」は何度も変わったが、厚別と野幌の境界線もよくよく変わった。

さらに加えれば、江別は北海道最大の河川、「支流」も含めると日本一の大河、石狩川の「縁（へり）」（edge）に開けた町だが、野幌はなだらかな丘（hill）の町だ。

2　厚別と野幌のちがい

厚別と野幌の違いは、厚別と白石と同じように、「開村」事情にある。

野幌は、はじめから江別村に属し、広大な丘陵（野幌丘陵）地を占め、屯田兵225戸（1885＝明18〜1886＝明19）と新潟県の富農たちが出資の中心となった「株式会社　北越殖民社」（1890＝明23）が開いた村だ。その植民社の創設者が関矢孫左衛門（1844〜1917）**。その野幌が、北海道の開拓（特に建材）に必要不可欠だったレンガ生産の一大生産拠点、「野幌煉瓦工場」の所在地であった。野幌といえば「レンガ」工場、その社長が久保兵太郎*、のちの札幌商工会議所会頭だ。かつて「野幌」の名は、「江別」を凌駕した。

*兵太郎の次男（庶子）が、左翼文学・劇作の旗手だった久保栄（1900〜58）で、その大作『登り窯』は、「野幌と父」をモデルとする「大作」だが、未完に終わる。「のぼり窯」といえば、私はすぐに、野幌（煉瓦工場）を想起する。

**（新潟県）魚沼郡の大地主・関矢孫左衛門の息子（庶子）、関矢留作（1905〜36）は、「産業労働調査所」（世界共産党日本支部（コミンテルン）の創立メンバーだった野坂参三を中核とする、無産階級運動の調査・研究機関）で活躍し、左翼農民（共産主義）運動で検挙された後、「転向」。広範かつ貴重な「獄中ノート」を残した。

関矢留作については、妻で野幌在住の関矢マリ子（1910〜86）が『野幌日記』（北海道女性史研究会　1977）という貴重な証言を残している。なお、拙著『野呂栄太郎とその時代』（北海道新聞社　1988）で、関矢のことを詳しく論じた。

3　野幌は北海道の酪農畜産の重要拠点

北海道の酪農は、町村金弥（1859〜1944　真駒内牧場）→宇都宮仙太郎（1866〜1940　白石・厚別　宇都宮牧場⇩野幌）→黒沢酉蔵（1885〜1982　野幌　酪農学園創立1933）と受け継がれてきた、といっていい。

同時に、厚別の先進的な稲作技術（＝中沢八太郎が、品種改良に取り組んで生まれた八太郎＝厚別糯（モチ））と泥炭地の灌漑技術（暗渠排水）が、野幌の低湿地に移殖され、（その見返りというわけではないが、）後発稲作地域小野幌等が野幌から厚別に移動してきた、と想像するに難くない。「白石」と「江別」に各種の「圧（ストレス）」をかけられてきた小野幌と野幌が、静かに（自然と）手を握っていたように思える。

4　「野幌原生林」が残ったが……

厚別と野幌の隠された「相互浸透」は、とにもかくにも、100年後、開拓の爪痕が消えた「疎林」地にもかかわらず、野幌・小野幌・下野幌に、原生林をわずかに残す「野幌原生林」（＝「特別天然記念物」）としてその「原形」の「痕跡」をとどめ得た、隠れた理由だろう。

それに、私的になるが、「小野幌」に、樋口、秋本等の有力開拓農家が「残り」、高祖父時代から父の代まで（は）、深い「親戚」「商売」関係を築いてきた。だが、つまりはわたしたちの世代になって、水田農家の「絶滅」とともに、分散、稀薄、無縁同然の関係になった。

ま、「厚別」＝「新札幌」の現姿を象徴しているといえるか？
では、旧「厚別」はどこに残っているか？ 私の目には、やはり旧「東区」、そうそう、拙宅から100メートル範囲には残っている、と思える。ま、「散歩道」内の「残像」だが。

5 「新野幌」戦後、「義父」が野幌原生林に無断入植

わたしに、3人の「恩師」とよべる人がいる。大阪大学文学部倫理学教室の相原信作、たぐいまれなコラム『紙つぶて』の作者で文学研究者の谷沢永一、それに信濃中学地理の教師、加藤賢司で、「先生」とよぶべき人だ。

《義父・加藤賢司先生　1919・3・31～1968・10・30

義父加藤賢司は札幌市立信濃中学の地理の先生であった。30代の半ばで、学校ではインテリを自認していた（旧制大学*を出ていたのは先生だけであったと思う）。ずいぶん乱暴な授業で、半分くらいは出征時（？）のチャイナや朝鮮各地の風俗習慣の話であった。だが、私が中学時代、唯一興味をもつことができた授業で、地理科目に熱中、自前で勉強した。自費で最初に買った本はたしか（本格的な？）地理「事典」ではなかったろうか。2日酔いで教壇で眠ってしまう先生のかわりをさせられたことが何度かあったのではないだろうか。

大学に入っていちど、野幌原始林のなかにあった先生の開拓小屋の面影を残すお宅を訪問したことがあった。先生は呑べいで、「一升瓶」というあだ名があり、「インテリ」が世をすねたよう

な風情だったが、誇りが高く美丈夫であった。拓大*を出て三菱商事に入社したが、戦争に取られ、主計畑を歩き、苗穂糧秣敞（少尉）で敗戦を迎え、隠匿物資を抱えて「部下」とともに国有林に無断入植した。

ただし、開拓は先生には無理で、結局、大卒を生かしてデモシカ教師で食いつないだのだった。英語、地理を教えたが、地理の教師としては出色ではなかったろうか。》（『鷲田の家　二〇一七年年忌を迎えた人たち』自家版　2017）

先生は、長女（規子）を私の妻に残してくれた。

＊拓大で同期だったのが、前出の田無市（のちに保谷市と合併し、西東京市）在住の藤野順さんで、藤野さんとの出会いは、私にとって「奇縁」が重なった。

先生が1968年に亡くなった後、博文館の『當用日記』（昭和11版）が残された。そこには、一緒に原生林の開拓に入った一部（部下とその家族、その他数十名）の手書きの「略戸籍」（？）が記されている。

原生林「開拓」は成功しなかった。丘陵地で、火山灰層が薄く、そのすぐ下が水はけの悪い厚い粘土層で、水利が悪く、水稲はもとより、蔬菜栽培以外の農耕地には適さなかった。

開拓は、原生林を切り倒し、その根を発破で吹き飛ばし、形ばかりの「農地」に変えた。だからこそか、最後まで残った（元）入植者は、後に土地の所有権を認められ、新「地主」になった。

ただし、先生は「新野幌」という「名」を残した。境界の地名、野幌→西野幌→（「新野幌」→）小野幌という「小歴史」を踏まえてだ。だが、「新野幌」はついに「通称」にとどまって、消えた。

1966年末、現JR厚別―野幌駅間に大麻駅が開設され、67年から江別市野幌の西端に「大麻団地」が開設されはじめた。時を同じくして、国道12号線（旧江別街道跡）沿いの、新野幌「開拓」村に通じる入り口付近に、「札幌香蘭女子短期大学」が開かれ、まず、「新野幌」というバス停名が消えた。この短大が入学者些少で閉校した跡地に、「札幌北翔大短期学部」が、そして68年、札幌学院大学が新設された。JR大麻駅開設で、3つの大学は札幌圏内から通学可能となり、かつての「開拓地跡」は、「文京台」（南・西）町となり、「新野幌」の痕跡は完全に消えた。

なお、この原生林（無断）入植地には、信濃中学校へ通う同級生が10名前後住んでいた。その名をいまでも5～6人思い出すことができる。

(5) 「字」厚別→厚別「町」→厚別区

1 白石村字厚別　住民の顔が識別可能

わたしは1942（昭17）年、札幌市に近接する厚別（白石村字厚別）という、人口3500人の寒村に生まれた。

厚別は、1950(昭25)年、札幌市に編入されたとき4500人だったから、この間の変化は、
(1)敗戦によって村に日本軍の「弾薬庫」跡を接収した占領軍(=米兵)が駐留してきた、
(2)食糧難の時代、厚別の米作農家に開拓100年目にしてはじめて「光」があたった、
(3)くわえて、敗戦後の食糧難時代、「ロビンソンの末裔」さながらに、東京等各地から、多くの移住者が、「難民」同然に流入したこと等が関連するだろう。厚別にも「アメリカ部落」などという「蔑称」地区があった。
厚別は、当時、厚別川(札幌第2の長流)と野津幌川・小野津幌川、上野幌川周辺の低湿泥炭地で水稲栽培を、恵庭岳(1320m)等の噴火による火山灰低台地で畑作と酪農を主業とする、「山」のないたんたんとした平地が連なる「純」農村であった。

小4校(内分校3)・中1校、村民の顔が一人一人「識別」可能なほどの村落共同体だった。*

*私の父は、村で唯一の米穀配給所を営んでいた。戦後食糧難である。「米穀(配給)通帳」は「戸籍」代わりで、父の自慢のひとつに、村民一人一人を識別できることがあった。

2 札幌市に編入→ひばりが丘団地→副都心新札幌=厚別区

札幌が「大化け」しだしたのは、「団塊の世代」(1947~49年に出生 総数800万人超)と

1960年代にはじまった「高度成長経済」に支えられたものだが、基本は、周辺各町村の吸収合併によるものだ。ただし、まだ国民多数は、十分貧しかった、といわなければならない。

札幌に編入された厚別は、1959年公団住宅「ひばりが丘団地」開設（全国のマンモス団地の走りであった保谷町〔当時、現在西東京市〕の「ひばりが丘団地」と同時）を皮切りに、札幌の大ベッドタウンとなり、「列島改造期」には、あっというまに1枚の水田もない副都心（新さっぽろ）へと変貌する。

そして、1988（平元）年、白石区から「独立」、厚別区となり、すぐに人口12万を目前にした。

3　札幌200万都市、副都心厚別20万

ようやく札幌は市電の大部分を廃し、市街地を東西南北に6本の足を広げる地下鉄を通し、「雪害」を遮断する交通網の確保によって、「200万」都市の誕生を迎える準備が整った、というべきだろう。

わが家郷厚別の変貌は、大部分、わたしが1960（昭35）年、学業で家を離れてから、1983年札幌に職をえて戻るまでの23年間に生じた。

わたしは家郷をいったんは「捨てた」が、戻った家郷はもはやかつての「厚別」の面影を「寸分」も留めてはいなかった。といっても驚くべきことではない。

変貌はわが厚別だけでなく、日本全国で起こった、明治維新以来の数度にわたる「民族大移動」の結果とでもいうべきもので、札幌周辺でも日常茶飯事だった。

（6）札幌は北の「京都」

かつての札幌は、京都に似て、条・目に分かれ、市街地全域を市電が東西南北へと蟻のように走っていた。

しかもこの街、戦災にあわずにすんだ。まさに、碁盤の目が交差する「小京都」さながらであった。

1949（昭24）年、戦後の「学制改革」で、東西南北の新制高校が生まれた。象徴的だったのは、市街地の端に「城門」のように建った、南・北・西高（東高だけは豊平川を越えた）だった。人口28万、公立高校は普通科4校、工・商科2校で、「十分」だった。

昭和25年、札幌はようやく人口30万を越えたが、少年の眼には、若々しく瀟洒（エレガント）な「大都会」に思えた。街の中心には丸井、三越、五番館デパート、拓殖銀行を中心とする商業・金融ビルが並び、その南に魔窟さながらの歓楽街ススキノが鈍い夜光を放ってうずくまり、北に札幌駅（国鉄）構内と北海道大学が踵を接するようにくすんだ姿で盤踞していた。

さらにつけ足せば、札幌は、「小東京」、「サッチョン族」（出張社員）が巣くう街じゃないか、と揶揄され続けたが、忘れてならないのは、「松竹座」（1929年改築〜1970閉館　1300席を有する洋画ロードショー館）をはじめとした映画館群で、第3番館（＋アルファー）まであり、まさに小京都さながらであった。

そう、そのままゆっくり「成長」すれば、日本のどこにもない「四季感」満載の独特な色香を漂わせる大都会になったのではという思いが、いまでもわたしの胸中にわだかまってある。

1　札幌と小樽

当然だが、北海道に、膨張ばかりがあったわけではない。

たとえば、かつて札幌と肩を並べて殷賑（いんしん）を極め、日本のウォール街（ニュヨークの証券市場）とさえいわれた商業・貿易それに文化・文学（小樽高商、小林多喜二・伊藤整・石塚喜久三等々）を生み出した、国際都市小樽が、現在は、唯一「観光」で「余命」をつなぎ、札幌のベッドタウンの一つとして生き延びている。

小樽だけではない。関東以北、札幌の一人勝ちであった。東京と比べればどんなに貧弱（すかんぴん）に見えても、政治だけではなく、人も、金も、ものも、交通運輸も、大学および文化芸能も、そして情報も札幌に集まる。

この時代変化と現状を受け入れるほかない。問題は対応策（方法）なのだ。

2　長沼で過疎地暮らし

私は、いったん戻った家郷（実家）であったが、父が亡くなったのを契機に、１９８５（昭60）年、集合住宅（の一角に母の居宅）を厚別に、わたしの家族宅・仕事場を、家郷から30㎞離れた、かつての厚別と同じ純農村の長沼町の「馬追」山に移した。

長沼は人口1万、日本海から太平洋まで広がる（太古は海底）低湿・水害多発地帯＝石狩平野のど真ん中に位置する、純米作地帯だ。ただし、米作の機械化はめざましい。

長沼は、明治期の開拓村で、石狩川の支流、千歳川と夕張川に挟まれ、石狩本流が増水すると、支流（とはいえ大河）に逆流し、氾濫することしばしばであった。（私は、一面が湿原だった長沼村を、うろ覚えで知っている。）

札幌は石狩平野の西端に、長沼は東端に位置する。関東平野でいえば、大げさにすぎるが、東京と（利根川を挟んだ）「筑波」というところだ。その東端の丘陵地（１４０ｍ）にバラック家を建てた。

そこは、敗戦後、「加賀」から入植し、「志」かなわず離農した「純」過疎地区で、旧道だけは残っていたが、最初は電気・水道もなかった。さらに付けくわえれば、長沼ナイキ基地の直下で、私が住みはじめて以降も、長沼分屯基地は存在し続けた。

最初の冬の強風と豪雪をようよう凌(しの)いだ春、眼下に水田が広がっていた。札幌の西、手稲山に墜ちる夕日がことのほか美しい。田植え時には、水を張った水田が「一大美湖」となる。

横に細く伸びる東端の丘陵地帯（長沼～由仁）は、畑作や酪農業が盛んで、ほどなく、旧厚別にあった宇都宮、馬場、亀田等という有力牧場がすでに移転していたことを知った。さらに祖父の弟の次男、高校で一年上の和彦さんが、酪農場を開く準備をしていた。まさに住めば都ならぬ、家郷（スイート・ホーム）の一端をここに見出すの感がした。わたしの人生の「盛時」であり、昭和は「晩年」を迎えつつあった。

長沼暮らしは、1985～2016年まで続いたことになる。この間、私の著作数は、単著だけで200冊を優に超えたのではなかろうか。ひねもす読んで書いて読むという30年だった。定年（2012）後、5年かけて、念願の『日本人の哲学』（全5巻　言視舎）を仕上げることができた。眼と足が弱った。直ちに、20～66歳、大いに世話になった車を捨てる。バスは町の中心まで、朝と夕方の2便、それも町内全域を巡回する超鈍行便だ。でも、長沼～新札幌まで、夕張バス「新札幌～長沼」が足代わりとなる。

3　厚別に戻る

2016年、家郷に戻った。まだ、バブル時代に全額借入金で建てた「集合住宅」（低層マンション）の借入金は残っていた。全額払い終えたのは、5年後で、私の人生晩期に入っていた。私には、それでもやり残したと思える「仕事」が残っていた。日本近代哲学確立のファーストランナーであった、福沢諭吉論と三宅雪嶺論である。

その途次、東北大地震の直後、谷沢永一先生が亡くなられた。先生の偉業を伝え残す『谷沢永一二巻撰集』(言視舎)を、先生の直弟子・浦西和彦氏と共同編纂でき、宿願の福沢論(『福沢諭吉の事件簿』全3巻)、それに『異例の哲学　三宅雪嶺』を仕上げることができた。ちょうど80歳の時だ。

まだ私の寿命はおぼろげながら、続いている。毎年、し残したと思える課題を仕上げる「工夫」だけはしている。ま、どんどん記憶が薄れてきているが、……。いつも、これが最後かな、という思いはある。

第２章　公団「ひばりが丘団地」　札幌副都心の起点

先走りはいけない。時計の針を巻き戻そう。私の高校時代、１９５０年代後半にだ。

０　１００万→２００万都市へ

（1）国勢調査による札幌の人口推移　（と近隣町村の合併状況）

１９２０（大9）　10万２５８０　第１回国勢調査
１９２５（大14）　14万５０６５
１９３０（昭5）　16万８５７６
１９３５（昭10）　19万６５４１
１９４０（昭15）　20万６１０３
１９４５（昭20）　22万１３９
１９５０（昭25）　31万３８５０　＊白石村合併（昭25・7・1）

1955（昭30）42万6620
＊琴似町、札幌村、篠路村合併（30・3・1）

1960（昭35）52万3839

1965（昭40）79万4908
＊82万1217　豊平町合併（36・5・1）

1970（昭45）101万123
＊手稲町合併（42・3・1）

1975（昭50）124万613
＊政令指定都市移行・区制施行（47・4・1）

1980（昭55）140万1757

1985（昭60）154万2979

1990（平2）167万1742

1995（平7）175万7025

2000（平12）182万2368

2005（平17）188万863

2022（平22）191万3545

2027（平27）195万2356

2022（令2）197万5065

(2) 1950〜1970＝100万都市は周辺町村の合併

見られるように、1950〜1970年の人口増加は、白石、琴似、札幌（村）、篠路、豊平、手稲等、札幌近郊＝町村の併合が大きく、札幌を100万（政令指定）都市に押し上げた。

(3) 1975（昭50）年以降＝一極集中で200万都市目前（?）

札幌市は、「列島改造」（バブル）と夕張炭鉱をはじめとする「廃坑」等の「あおり」、さらに道内（・外）からの一極集中の「風」を受け、急激な人口流入・増加に対処しなければならなくなる。

人口流入と増加に対処する第1の緊急課題は、「住宅地」の確保で、その最初の試みが「ひばりが丘団地」建設（計画）であった。

その目的と結果が符合し、新札幌＝厚別中央町で、東区と旭町の「2都」が「1都」になった。

コンパクトな町だが、札幌中心部へ至近距離（函館本線・千歳線・地下鉄、バス、タクシー）で、北海道各地へも簡便に、さらには、ハブ空港＝千歳空港を中継して、直接あるいは間接に、日本各地あるいは世界各地、とりわけ北米や欧州各地へ航路を大きく開げた。

結果、厚別区は、北の大都札幌の副都心の地盤を固めてきた。その「物語」をいまからたどろう。

1　ひばりが丘団地の誕生

(0)　背景　「高度成長」経済、とは？

「高度成長経済」という言葉を聞くたびに、「民族の大移動」という響きが私の脳裏を駆け巡る。それも多くは「貧しい日本人」たちの大移動だ。

1961年、わたしは2度目の受験に失敗し、京都（一乗寺）の「ド田舎」から、大阪の「場末」（福島区鷺洲本通）に下宿を移し、予備校を変えた。

戦災に遭わなかった（南京虫出没の「危険」な）戦争未亡人が営む文字通りの「ぼろ屋」で、界隈を「鷺洲本通」といった。下宿人は「私一人」、私自身は「貧困」とは思わなかったが、文字通り「貧しい」ことを自分自身に課した「浪人」生活で、62年、入学を果たしても、「自閉」状態に陥り、半年近くその「巣」を動くことができなかった。

当時、大阪は「人種」（？）の坩堝（るつぼ）で、（返還前の米国ビザを持った）沖縄、南紀、薩摩、コリア等々が、入り乱れていた。周りがみんな貧しかったから、一向にめげなかったが、T先輩が「救出」に来てくれた。大阪は、そして大学も、その生活も、ものの見事に貧しかった。私の周囲は、

「高度成長って、それなに⁉」であった。

(1) 経済だ、所得倍増計画だ

△「不評」の連続

戦後政治の最大「成功」例は、池田勇人の「所得倍増計画」だ、といわれる。その通りだ。だが、この「計画」、当初はもとより、計画「達成」後も、すこぶる「不評」だったことを、くれぐれも忘れてほしくない。

戦後の最大の「政治決戦」といわれた60年「安保闘争」(「アンポ反対」=日米安全保障条約反対闘争)が、「改定」(1960年7月15日)でいちおうの「政治」決着を見た。結果、目的を達成した岸信介首相が退陣、代わって大蔵官僚出身の池田勇人が首相になる。

その池田、「対立から協調」、「政治から経済」へと舵を切り、「所得倍増」計画を打ち出し、「高度成長経済」を提唱した。その核心だ。

① 1960年から70年までの10年間に、国民総生産=所得(GDP)を2倍にする。
② そのために年率7・28%の経済成長をなしとげる。

この「計画」（目標）は「おおボラ」の類とみなされ、野党も自民党反主流派も、「池田にやらしてみよう。失敗させ、叩こう。」という態度に出た。「所得倍増」を可能にする「高度成長」は、自民党内でさえ、「夢想」の類とみなされたのだ。なぜか？

日本産業は「二重構造」体質だ。産業構造の基本が、大企業・工業・先進地域でできあがっているなら、高度成長は可能かもしれない。だが絶対多数を占める「下請」の中小零細企業が、すべての零細（水稲）農業が、大部分の「後進」地域が、日本経済発展の「桎梏」＝「足枷」となって、経済の高成長を阻む。

△「二重構造」こそが高成長を可能にした

事実は、過半を占める下請や零細農業、さらに後進地域の存在が、まさに高成長を支え・可能にしたのだった。日本の「宿痾」とみなされてきた「二重構造」（格差）が高成長を可能にする「原動力」になった、ということだ。どういうことか？

1　下請企業は親企業の過酷な要求、「安いコストで良質な製品」の提供に耐えた。

2　農業は工業に「大量かつ安い労働力」を提供した。

3　農業の労働力不足が農業の機械化を促進した。

まさに（ヘーゲル哲学の核心）、「矛盾」こそ「発展の原動力」であることを如実に示したのだ。

結果、日本産業界が全体として力能を高め、高成長を実現するにしたがって、後進地域にも産業化、都市化の波が広がっていった。

まだ1ドル360円の時代だった。輸出産業の成長と収益が、新技術の輸入を可能にし、貿易の自由化を後押しし、輸出産業の「黄金時代」が生まれた。（ま、日本製品は、「安かろう。よかろう」といわれた。）

結果、10年間で、日本は鉄鋼や造船をはじめとする重・化学工業で、世界の先頭グループに入るだけでなく、先頭に立った。

結局、10年間で、国民総生産は2倍ではなく、「計画」の3・5倍強を達成、個人所得は倍増した。

(2) 農村から都市へ――「民族の大移動」

△大都市へ、地方の中心地へ

「所得倍増」計画で注目を引いた1つは、10年で農業就業人口を6割減し、それを工業・商業部門に移して、高度経済成長を実現するというものだった。「民族の大移動」プランである。

このプラン（だけ）は実現がずれ込んだ。

「農村（農業）から都市（商・工業）」へ、東京、大阪へ、それに地方の中心地（札幌・仙台・新潟

・金沢……）へと人口の大移動が起こった。
東京は特例中の特例で、早くも1962年、世界で最初の1000万都市になる。

最も注目されたのは中学新卒の「集団就職」だったが、1963年、「金の卵」（と呼ばれた）中卒者を運ぶ「集団就職列車」がピークを迎え、全国でおよそ8万人を運んだ。

△大学生の大増大

就職とともに人口移動を促したのが、大学入学生の大量増で、1960年、大学進学率が10％（18歳人口比）だったのが、70年には24％を超し、その多くが「都市」生活者となった。

また転職や結婚、出稼ぎ（多くは建設業等での季節労働者）等で、都市への人口流入が絶えなかった。

△農村が便利・豊かになった

じゃあ、「所得倍増」計画は、農村「切り捨て」路線だったのだろうか？　人口移動の結果、農村・田舎は人口流出で過疎化し、さびれ、衰弱した、ということになったのだろうか？

否だ。都市周辺の農村は、ベッドタウンとなり、都市の「延長」になった。

わたしが生まれた厚別（白石村字厚別）は、人口7000の純農村地帯だったが、札幌市に編入され、住宅供給地＝団地から副都心となり、現在、人口12万の札幌市厚別区になり、水田は

1枚も残っていない。

(3)「日本列島改造」路線=「地方の時代」へ

たしかに人口大移動の結果、純農村地帯の多くは人口半減、「過疎化」した。それは現在に続いている。私も、1975年以来、純然たる「過疎地」に住んできた。そこを「リッチ」だと思えたことはなかったが、40年間、「去ろう」とは思わなかった。

だがよくよく考えて欲しい。「高度成長」時代が終わったとき、まさに田中角栄が掲げた「列島改造プラン」にもとづく「地方の時代」がはじまったのだ。

事実、「豊かな農村」とそこに住む人々の「豊かな生活」の時代が、おそらく日本歴史上「初めて」到来した、といえよう。有史以来、農村で都市と遜色のない「日常生活」が可能になった。わたしも、都会に職場をもち、農村それも過疎地に住む生活を34年余続けることができた理由だ。

△「列島改造」論と「地方の時代」の幕開け

60年代の「高度成長」に対し、70年代は「安定成長」がスローガンとなった。この新しいステージに登場した政治リーダーが田中角栄だ。

田中は、高度成長路線を引き続き突っ走ろうとして躓いた、「猪突猛進」型の政治家で、欲まみれの金権政治の「権化」のようにいわれる。そうだろうか？

田中は、明治維新以来、中央集権型政治・経済＝「中央が地方を収奪する」を、地方分権型の政治・経済＝「地方が中央を収奪する」へとシフトしようとした、最初の首相だった。その構想が『列島改造論』（日本工業新聞社　1972年6月）で示された。その核心は、日本全国をひとしなみに「豊かにする」という構想だ。*この本はミリオンセラーに肉薄するほどのベストセラーになった。

＊そういえば、日本全国を、「地域振興」の旗を掲げて歩いた民俗学者の宮本常一と田中角栄は「地域の発展を願うという意味において、いわばコインの裏表のようなものであった」、と角栄嫌いの佐野眞一が記し留めている（『宮本常一が見た日本』日本出版協会　2001　p191）。

日本列島の南から北までを、新幹線と高速あるいは舗装道路、そして航空路で結ぶ、人も物も「情報」も高速で移動できる社会とは、たとえば、都会にいようが寒村にいようが、同じビジネス・教育・医療・文化等のサービスを受けるチャンスが可能になる、ということを意味する。

田中政治というと、すぐに「土建」（土木建築）と「談合」を連想する。だがむしろ重要なのは、知識集約型の産業を、中央から地方（中核都市）へ積極的に移動させる法的措置（たとえば、「工場再配置促進法」）を実現したことだ。

その財源が「土地」売買の「税収」（増）や地方交付税（拡大）で、田中が政権の座から引きずりおろされた後も、この「日本列島改造」路線の「理念」（アイディア）は実行に移され、「地方の時代」に引き継がれていった。

結果、東京都の美濃部（1967～79）、大阪府の黒田（1971～79）、北海道の横路（1983～95）等の革新首長の登場を促した、といっていい。

△「国民政党」へ脱皮

民主主義とは「平凡」な政治形態だ。「成員すべてが『1票』を持ち、『多数票』で決定される」という「大衆」（多数）＝「多票」政治のことだ。田中の「列島改造」の基本は、民主政治だった。よく「愚衆政治」（ポピュリズム）といって「批判」されるが、ギリシア以来の政治（統治）形態で、ソクラテスが「死刑」になり、その弟子プラトンが否定した「民主政治」のことと別ではない。

明治維新以来、日本の政治は藩閥・官僚による中央集権政治で、藩閥政治を排除しようとした伊藤博文も原敬（1856～1921）も暗殺された。最近では、凶徒による安倍首相（1954～2022）の暗殺があった。基本は、平凡な「民主政治」＝ポピュリズムの圧殺をも意味する。

△「地域民主主義」＝「地方の時代」⇩「バブルの時代」

敗戦でエリート（藩閥→選良）政治は瓦解したが、与・野党を問わず、派閥の「旦那」（親分＝

領袖）政治に引き継がれた。歴代の自民党総裁＝（首相の）吉田茂、岸信介、池田勇人、佐藤栄作は、各派閥の領袖（ボス）であり、各派閥の親分衆を束ねる大親分（総裁 President）だった。重要事は、親分衆の「談合」（ネゴシエーション）で決まる「通弊」＝「佐藤↓福田」に待ったをかけ、党大会で「多数派」を形成したのが田中だった。

自民党は、「旦那」民主主義から、地域＝選挙民多数の票を集めた議員の「1票」の多さで決まる「国民政党」へ「脱皮」をはじめる。「地域民主主義」の展開だ。

しかし「地域主義」（ローカリズム）は不可避の「毒」をもつ。地方（選挙区）と地域住民に「より多くの権益」をもたらす政治（家）がベターである、という意志と行動を生んだからだ。「既得権益政治」の横行で、田中はその「毒」を飲み込んで、自滅する。

△田中は「バブル」の生みの親か？

田中（政治）は、土地・建物（・河川敷さえ）を投機対象にしてぼろ儲けした、バブルの生みの親だ、というように言われる。だが、「バブル」*の時代、土地を「売買」し、建物を「建造」する資金を（ジャブジャブ）貸した銀行をはじめとする金融機関や都政をはじめとする革新県政はどうなったか？

バブルの崩壊によって、「政府」お抱えの15都市銀行の過半は潰れ、一部は合併・改組された。証券会社は、破産を含め、大打撃を食らう。革新都・道・府・県政は、慢性的な赤字（財政）に追い込まれた。ただし、これが「経済法則」の通例だった。
＊バブル景気は、通常、1986年末から1991年2月までの「4年余」を指す、といわれる。

だが「バブル」は、土地・建設に限らず、経済活動には不可避な「傾向」（＝法則）だ。価格が上がれば、必ず、下がる。不可逆的増大（持続可能な成長＝SDGs）は「美しい」言葉だが、「不可能」であり、「幻想」つまりは「バブル」なのだ。

バブル期、株価や不動産価格が急上昇、また個人資産なども増大し、社会全体が今までにない「好景気」を実感した、といわれる。最盛期、「1ドル128円」まで円高が進み、日本が「全世界」の不動産投機買いに走るなどという事例を多数生んだ。結果、「嫌日本人感情」が一気に高まった。こうくくられる。何か、他人事のように感じられた。

△実感的「バブル」感

だが、といいたい。私が、「バブル期」を最初に「実感」したのは、かなり早かった。

1　1970年、28で結婚した。まだ大学に席（大学院生＝オーバードクター）があり、「定職」がなく、各大学の「非常勤（時間給）講師」でしのいでいた。

1972年、子どもが生まれるというので、続々と建ちはじめたアパートや「マンション」を探したが、家賃が高すぎる。断念しようとしたとき、阪急（電鉄）沿線の南茨木の旧水田地跡に建設中のマンション団地「募集」を見つけた。モデルルームは、ビックリの３ＬＤＫ。ちょっと立派すぎた！　だが、建築・販売会社も「一流」企業、ただし、高倍率「抽選」必至であった。もっとも、「前金」もリーズナブル、「家賃」もギリギリ支払い可能額。正直、抽選に無縁だったし、当たるとは思えなかった。ところが、当たってしまった。こうして、予想もしない、はじめての「団地」生活がはじまる。

この時期、大阪は、「'70万博」後ということもあり、すでに「バブル」（土地・不動産投機）は始まっていた。普段は、ごく冷静な「経済観」（金銭感覚）の持ち主と思える友人が、断じる。

「借金をしても『土地・建物』は買うべきだ。絶対に安全な投資で、かならず値上がりする。なぜか。日本は国土が狭い。土地は『稀少価値』だ。」と、あきれるほど単純かつ強固にだ。

私には、自分の稼ぎでも、授業数を増やせばギリギリ毎月の返済は可能、と思えた。

２　だが、１９７３年末、「オイル・ショック」（第1次）が起こった。狂乱物価（23%）がはじまった。灯油と石油製品が入手不可能。給与所得者は昇給でカバーできたが、非常勤の値上げは、ゼロ査定。それでも、厳冬期、灯油は「品不足」だというので、購買は諦め、「関西の冬はストーブなしでも死なない」と我慢。

３　１９７５年、津市立短大に定職が決まった。「低給」でも、三重県に住むことが「条件」。それで、近鉄沿線（伊賀神戸駅付近）に建設中の団地の「戸建て」を購入。ここも全額「貸与」。ただし、１年後、南茨木のマンションが「売れ」、私は図らずも「バブル」（?）の恩恵をはじめて受けることになる。もちろん、「全額」、新しい家の返却の一部にあてざるをえなかった、が。
4　1983年、札幌（大学）に職を得て、家郷に戻った。伊賀神戸に8年間住んだ家・土地の売却で、2度目の「バブル」恩恵を受ける。ここは全部、妻の「腕」に任せた。
5　そして、「バブル」の真ただ中（1985年）、父の死を契機に、厚別から40km強離れた、長沼町（の僻地）字加賀団体に「住まい」を移した。純然たる「過疎地」で、まさに「移住」気分、家は、新築の拙宅だけ。ただし、土地は「バブル後」で、「ただ」同然。これも「バブルの恩恵」と思えた。
以上、私の「私的」バブル体験だ。「バブル」は私の目の前でも、何度も潰れた。注目してほしいのは、「時間のずれ」だ。
6　なお、1985年、父の死後、実家（4人姉妹と財産分与＝事前確約）跡を、母や末妹家族も住む、低層鉄筋の賃貸「マンション」に変えた。もちろん、全額（土地・建物担保付き）借金だった。この借金がゼロになるには、「1986→2020＝35」年後だった。わたしにとっては、天文学的数字になる。
なお、私は、すでに母（や末妹）のいないこの「古い」マンションの一角に住んでいる。「バブル」と「バブル崩壊」の「おかげ」（？）でもある。

2　札幌市と厚別町の対応

「高度成長経済」は、コトバの響きとは異なって、華々しいものではなかった。まずこれを押さえてほしい。

札幌市の都市団地計画も、慎ましいものであった。

ひばりが丘団地計画

△3600戸の公団住宅

札幌市は急増する人口増に対して、とりあえずの「不足分」、3600戸建設の「適地」を求め、すぐに「公団住宅」建設計画を策定した。

その最初の一つが「ひばりが丘団地」で、完成年度＝1964年、敷地面積＝30ha、5000人（集合住宅　2F、5F）だった。

ただし、札幌市にとって、この程度の住宅数増加は、「応急処置」に違いなかった。

だが、これが、「厚別区」さらには札幌東部の中核となる「新さっぽろ」（「札幌副都心」）誕生の「はずみ」（跳躍台）になったこと、まちがいない。

△「馬場牧場」跡

当時の厚別は、「農地解放」や「民主教育」等々の戦後「改革」はあったものの、その村落形態・人口構成・産業基盤、とりわけ住民意識等々は、「戦前と陸続き」で、旧態然としていた。*

＊私の実家は、米穀・酒・塩・燃料を中心とする「雑貨」販売商で、客の中核である農家の決済は、年1回支払可能な「大福帳」取引だった。

隣近所1㎞以内は、「竈（かまど）の灰」まで見通しできるという、米作と酪農を中心とする「1次産業」主体の村落共同体（ムラ）の姿を色濃く残していた。

ところが、明治10年代にはじまった「村」開基以来、およそ100年、初めて大量の新住民を受け入れる、当時としては「巨大」な「新団地」建設候補地は、すぐに決まった。「旭町」の12号線南に、「空家」同然のなだらかな「平坦地」が続く「丘」が残っていたからだ。（団地計画は、この丘から東に延びる「青葉台」〔団地〕、さらにそれに隣接する「もみじ台」〔団地〕建設へと続いていった。）

「ひばりが丘団地」の敷地は、通称「馬場牧場」(＊1)で、戦時中、馬場さん一家が満洲「移住＝開拓」のため、国鉄（現JR）に売却し、「錬成農場」*（9万ha）となっていた。

＊「錬成農場」とは、いまでは聞き慣れない名だろう。が、戦中〜戦後、日本国中が「食糧難」の時代、しかも国鉄は大量の本土復員を含む「過剰人員」を抱えていた。「薄給」の国鉄現業職員は、各地の国鉄保有地で、「錬成」＝「心身鍛錬」を名目に農作業に従事した。「半鉄半農」だ。ただし、戦後10年、「もはや戦後ではない」（1956年「経済白書」）ともいわれた。

△国鉄の思惑と12号線沿線

札幌市の「農場」一括購入はきわめてスムースにいった。国鉄は「膨大」な赤字を抱えていて、売却大歓迎だったのだ。それに、国鉄は周辺の保有地にバスセンターや職員官舎を建て、周辺地をマーケットや病院をはじめとするビジネス街に変えることに積極的だった。

こうして国道12号線周辺、さらにはその直近で連接する国道174号線沿線とひばりが丘団地に接する地域に、個人住宅、商業センター、病院等々が次々に建ちはじめた。かくして、ひばりが丘団地建設とともに、国道12号線の中核を占める「旭町」が、厚別の「一大」（？）中心地になった。

△団地建設中に強盗殺人事件発生

1　ひばりが丘団地完成年度は1964＝昭39年で、その広さは30ha、住民5000人収容、ほぼ旧厚別の人口に匹敵した。そして、市営住宅、分譲住宅、公社・社宅等が実現を見ると、住宅確保に悩む札幌市民＝一般サラリーマン家族に大好評で迎えられた。もっともこの新団地、人口急増に悩む札幌市にとっては、「焼け石に水」だったろう。

2　「ひばりが丘団地」建設こそ、「厚別」→「副都心＝新サッポロ」への「発火点」となった。しかし、厚別住民の多くに、「杞憂」がなかったわけではない。

「ひばりが丘団地」建設がはじまった当初、「農」に地盤をおく（旧）厚別住民の「圧倒的」多数意識は、この新団地建設を「異事」あるいは「他人事」と見なし、むしろ、この「新町」誕生が、「変事」あるいは「凶事」の発火点になることを恐れた（、と思える）。理由はあった。

まず、一時的ではあれ、大量の団地建設従業者（「よそ者」）が大量に「流入」してきたことによる。これには、敗戦直後、厚別の旧陸軍弾薬庫跡を米軍が接収・進駐してきて生じた「記憶」＝「異変」が、まだ住民のあいだに色濃く残っていたことにも起因していた。

真昼間、住民（こどもを含めた）には、米兵の手にぶら下がった女性（通称パンパン）たちが闊歩する姿が目に焼き付けられていた。そしてこの杞憂は、たんなる杞憂に終わらなかった。

団地建設が山場を迎えるころだった。時をはかったように、「変事」＝「凶事」が生じたのだ。

夜半、建設現場に近接した「雑貨屋」の名物「おば（あ）さん」が襲われ、殺害される。住民にとっては村開闢以来、前代未聞の「強盗殺人事件」であった。このときの村民の「揣摩憶測（しまおくそく）」は、長い間これという「変＝凶」事件がなかった厚別住民を動揺させるにたる、初めての（？）「惨劇」だった。

ほどなく犯人が判明、出入りの卸店の若い従業員2名が逃亡先で逮捕され、事件は「解明」された。だがこのあとも、「旧」住民の意識を長くとらえる事件となった。(*2)

*1　昭和初期、厚別に入植した「馬場一家」(和一郎→五三郎)は、根っからの酪農家だった。それが満洲に渡り、敗戦直後、命からがら「帰還」し、国鉄所有の通称「馬場牧場」の「場長」となった。農場がひばりが丘団地に変わってのちは、息子さんが、わたしが住む長沼(字加賀団体)から一山超えたところ(＝由仁)に農場を開き、現在、そのお子さん(4代目)がユニークな「放牧」農場を展開している。

なお、現在、ひばりが丘団地の一角に、「馬場公園」がある。「山」がない厚別には、冬期スキーの滑走可能な広さの場所がなく、旧「馬場牧場」の西端の短い急斜面だけが、わたしたちが楽しむことのできた、唯一のスキーコースだった。

*2　喜劇『駅前団地』(1961年)は、森繁久彌やフランキー堺等が登場する、「団地を巡る一大革命!　色気も欲もマンモス文化」をキャッチフレーズとした、東宝喜劇十八番の映画だった。池田勇人の「高度成長経済」から田中角栄の「列島改造論」へとつながる、「土地神話」(土地の値段は下がらない。なぜか?　日本の土地は、狭小だからだ)を生み出す画期を「記念」する映画だった、といっていい。

厚別もまた、「土地神話」の「落とし子」となっていった。1983年、わたしが札幌に転職先を得て帰郷したとき、すでに、一枚の水田も一軒の酪農場もない、札幌のベッドタウン一色に変貌していた。

もちろん、わたしはこれを否定的にいうのではない。私自身、少年期（1960年）、進学のため「愛郷」厚別を離れ、関西方面に23年、札幌に職を得て帰郷できたが、くしくも「厚別開基100年」目に当たっていた。わずかにかつての痕跡をとどめていたのは、「村」の鎮守信濃神社の参道周囲にわずかに残された「古木」たちであった。

実家は「廃業」、「旧」店舗も「新」店舗ともども取り壊され、区画整理の結果、自宅も廃滅、建て替えられ、また、まわりの過半は、すでに大小の賃貸マンションに変わっていた。

少年期に眼と足でたどった「空間」はそこかしこに、残存してはいたが、「既視感」は残っていない。ただ、いまはマンションと住宅群で埋められた「地形」や「建物」の断片に、「記憶」の跡を執拗に追っている自分（一老人）がいるだけだ。

3 「駅前団地」の急拡大　「青葉台団地」着工で、ニューシティ建設計画に火がつく

(1) ひばりが丘団地は大好評で迎えられた

1　その「ひばりが丘団地」は、50年余で建て替えられた。現在（2024年）は、何の変哲もない「団地」の跡を残すだけの一角に姿を変えている。それにいまある「2代目」団地で、私の記憶にくっきり残る旧団地の（一部）は、コンクリートブロックの2階建（2DK・2LDK）で、一見、「長屋」然と思える。

とはいえ、1960年代、「札幌」近郊で「独立」した住空間をえるということは、「家族持ち」にはなににも代えがたい「宝物」、「自慢の種」であった。この事情は、1960年代にはじまった「高度成長」期に急拡大する札幌において、特に顕著だった。間取りは、当時、結婚した姉が最初に住んだススキノのマンション（アパート）の手狭さ（2K）と同じだった。

再生ひばりが丘団地

（2） 札幌＝「小東京」

札幌市は、明治期から戦前を通じて、たしかに北海道の「政都」であった。だが、その歴史は、「無」から「有」を生み出す過程に似ている。

札幌は、函館（幕藩体制下は「政都」、「開国」時はわが国が初めて世界に向かって開いた3港「横浜・長崎」の1つで、世界交易港「北海道の入り口かつ中心」）や小樽（「北」のニューヨークといわれ、文化＝文学・金融・北方交易・石炭積み出し港）の後塵を拝し、室蘭（港湾と鉄鋼）や道央の旭川・道東の釧路と肩を並べる、「市」の1つにすぎなかった。

その札幌が、敗戦後、周囲の町村を合併して急速に拡大し、一極集中を進めていく。「東京」（政治経済文化の中心）に直結しているからでもあった。ま、これを札幌＝「小」東京という言い方もできるだろう。いやだったがね……。

第3章 「副都心」構想　拡大する新団地造成計画の概要

「ひばりが丘団地」の「成功」と「好評」は、札幌市を巨大新団地計画へと大きくプッシュした。「新札幌」は、1975（昭和50）年、札幌市の「副都心計画」に基づいて「開発・造成」されたプロジェクトで、厚別（住民多数）も率先してその計画を歓迎した。

1　拡大期　新札幌駅→青葉台→もみじ台

（1）小・札幌（駅）の誕生

△「新札幌」の由来

「札幌副都心」＝「新札幌」は、1973（昭48）年開業のJR「新札幌」駅名に由来する。駅周辺に、公共・商業・遊興・宿泊・金融施設、医療機関などがあつまり、交通機関＝「JR新札幌駅」・「市営地下鉄新さっぽろ駅」・「新札幌バスターミナル」・「タクシー乗降場」さらに一般駐車場を併設する、コンパクトだが、他の都市にくらべれば、均整のとれた「小都市」が出現

新札幌駅

した。

△自動車道の要衝

1　国道12号線、「南郷通」（札幌・中央区〜白石〜厚別・もみじ台）、国道274号線、それに高速道（大谷地ＩＣ・札幌南ＩＣ）などの幹線道路によって札幌市中心部、近隣の市町村、北海道各地、とりわけ千歳空港さらには、北海道各地への交通網の「結節点」になっている。（例えば、新札幌〜夕張＝高速バスがある。わたしが30年余住んだ長沼にも途中下車可能で、高齢者には至便だった。）

2　地下鉄東西線（宮の沢〜新さっぽろ）は、札幌の中心地までは南郷通の下を走り、中心街まで、20分。

(2)「土地」入手が「順調」

計画された「札幌副都心」周辺部の土地購入が「容易」

だった。

△「厚別墓地」（旧「野津幌墓地」）跡

現「新札幌駅」に近接する智徳寺横にあった厚別墓地*（広さは不明）が、1974年11月、まるごと里塚墓地（当時豊平、現在の清田区内）に移転している。

*わたしは、1950年代、信濃中学校で卓球部に属した。その練習コースである。

信濃小・中学校野外グラウンドと向かい合った高台（現「厚別中央通」）とのあいだは、低湿地（現在、マンションや住宅地や公園がある）で、その高台の東突端に智徳寺と大行寺が向かい合っていた。智徳寺の横を下って（おそらく最低所が現「新さっぽろ駅」？）で、再び登ったところが「墓地」だった。

墓地の「入り口」に「地蔵所」と「納骨堂」があった。その先を進むと、「立ち入り禁止地区」で、おそらく旧弾薬庫跡**だったと思える。

わたしたちは、「墓場」で一息入れ、12号線に戻って東に進み、旭町の十字路の手前で北に折れ、農家の畑の中の脇道に入り、一周するかたちで、信濃中学校の体育館に戻るのを常とした。行程4㎞弱ではなかったろうか。なお、この同じ「道」を、小学時代の私は、近所の子どもたちと「マラソン」と称して、何度か走ったこともあった。そう、私には「近所」の「ガキ大将」然としていた、短い時期があった。いまでは恥ずかしい記憶だが。

＊＊知徳寺の北横に、戦後、西部邁さん一家が住んでいた。邁さんの著書にお母さんがこの弾薬庫に忍び込んで、鉛の空砲拾いをした、と書かれた記憶はある。が、探しても当該箇所が見つからない。

△（旧）北海道陸軍兵器補給廠の附属弾薬庫（厚別弾薬庫）跡（36ha）

１９４４（昭和19）年、陸軍兵器補給廠が小樽から白石村（字厚別下野幌の原野）に移転・設営され、北方・ソ連軍急襲に備える、４０００トンもの弾薬が保管された。

当時、弾薬は、林のくぼ地の一角に貯蔵された（そうだ）。敗戦後、アメリカ軍に接収され、米軍撤退後、自衛隊が保管し、他所に移された。この広大な跡地を札幌市が取得する。

△新さっぽろ駅前開発を先行　厚別副都心計画＝５つの開発基本方針

当初、「ひばりが丘団地」に続く団地造成の予定が、ＪＲ千歳線のルート変更があり、現在の新札幌駅前に「商業地」等の開発が先行した。おそらく旧「厚別墓地」跡にだ。

１９７１（昭和46）年「札幌市長期総合計画」＝「『多核分散型の都市形態』を計画的に誘導」し、新札幌駅周辺を「副都心」として位置づける。

１９７２年「厚別副都心開発基本計画」策定

①質の高い都市サービスの提供、②公共的空間の創出、③都市ビジネス機能の分担、④交通

ネットワークの整備、⑤公害・災害のない街づくり。

（3）3団地の設計と実行の要点

	団地	完成年	面積ha	人口	概要
①	ひばりが丘	1964	30	5000	住宅　2F+5F（すでに建替え）
②	青葉町	1970	69	1万2400	低層・戸建住宅（整備・充実が進む）
③	青葉町	2002	14・5	1万535	中高層（3〜9F）住居専用
④	もみじ台	1979	242	3万2000	全5F（エレベータなし）

（4）もみじ台団地の消長

問題は、2025年現在、もみじ台団地に集約される。最盛時（1982年）、住民2万8000人から、現在（2021年）1万3888人へと減少。重要なのは、この傾向は止んでいないことだ。

1　もみじ台一帯は、かつて白石区厚別町下野幌の一角（高台）だった。1968（昭43）年から団地造成が始まり、1971（昭46）年から土地と住宅が分譲された。

2　１９７２年末、団地最初の小学校＝札幌市立もみじ台小学開校。以後、児童数の増加で4校にまで増える。だが、人口は、１９８２（昭57）年＝約2万８６００人を上限に、減少に転じ、30年余後の２０１６年＝約1万５８００人に。

3　現在（２０２１年）1万３８８８人。高齢化率48％、児童数減少が著しく、小学校は、4校→2校。

この巨大団地が、長期低落の人口減に追い込まれた。札幌市が「対策案」を提出。

（5）もみじ台地域　まちづくり指針（案）札幌市　＊２０２３年末（以下大略）

本指針案は、２０２２年7月、もみじ台の自治会等で構成される「もみじ台まちづくり会議」が「もみじ台まちづくりビジョン」を策定し、それを札幌市に提示、「案」への「回答」をも含む。

1. 50年前、最大級の団地として計画

もみじ台地域は、高度経済成長期＊の急激な人口増加に対応するため、約50年前に札幌市が開発した住宅団地であり、調和のとれたゆとりある良好な住環境が形成されてきた。

近年、人口減少・少子高齢化が進行し、児童生徒数の減少に伴い小・中学校が統合されるなど、

もみじ台団地

地域の姿は少しずつ変化しているとともに、地域コミュニティの担い手不足といった課題も生じている。

＊筆者注　高度成長期は、1960年から10年間の施策。50年前は、田中角栄が主導した「列島改造計画」期＝プレ「バブル」期であった。

もみじ台地域の市営住宅は市内全体の「約2割」を占め、地域内の大規模な市営住宅をはじめとした公共施設の老朽化が進行、順次更新時期を迎えている。このような中、もみじ台地域では、地域住民主体のまちづくりが進められており、令和4（2022）年7月には地域の自治会等で構成される「もみじ台まちづくり会議」は、「もみじ台まちづくりビジョン」を策定した。

「市」は、こうした背景、もみじ台地域の現状や課題、地域住民の意向等を踏まえ、さまざまな世代が安心して住み続けられるまちづくりを目指し、将来的な土地利用の再編を見据えた今後のまちづくりの方向性を示す「もみじ台地域まちづくり指針」を策定した。

目次　1.目的（1-1 目的　1-2 位置づけ　1-3 対象範囲）

2.　現状と課題

1　現状　もみじ台地域は、札幌への人口集中に対応するため、昭和41（1966）年、「もみじ台団地」を決定、造成事業が始まった。その後、昭和46（1971）年に戸建て住宅分譲、市営住宅建設が開始し、それから15年後の昭和61（1986）年に全ての市営住宅が完成。開発は、積雪寒冷地の特性を踏まえ、冬期間の除雪や歩行者の利便性も考慮し、道路や住宅、生活利便施設を整備。だが、開発から50年以上経過し、近年、小中学校の統合・閉校やもみじ台団地地区計画の変更など、地域変化が著しい。

2　課題　①高齢化（まちづくりの担い手不足）　②少子化（児童生徒数の減少）　③市営住宅等の老朽化

3.　将来像と目標

（1　まちづくりの基本　2　将来像　3　目標　4　土地利用再編の考え方）

もみじ台地域の将来像及び目標の実現に向けて土地利用再編を効果的に進めるため、地域内エリアの特性も考慮、市営住宅など公共施設の跡地活用や土地利用転換を見据え、今後導入が望まれる機能や土地利用の方向性を示す再編イメージを整理。

◎「再編イメージ」

・北側「①活力・共生エリア」 地下鉄・JR駅が立地し多様な都市機能が集積する新さっぽろに最も近い。今後はさまざまな世代の流入による地域の活力向上を目指し、新さっぽろに近接する立地を生かして、多様な暮らし方や働き方を実現する幅広い機能の誘導を検討していく。

・中心部「②にぎわい・交流エリア」 買い物など地域の生活利便性を支えるもみじ台ショッピングセンター、地域における最大規模の熊の沢公園等、地域のにぎわい・交流の場。……義務教育学校の設置候補地を中心部に位置づける。

・南側「③安心・快適な居住エリア」 周辺が緑地や公園に囲まれ、閑静な住環境が形成されているエリア。生活利便性を確保する機能の誘導が検討課題。

◎課題　人口減・高齢化・少子化・老朽化

もみじ台地域は、市内において比較的早い段階から人口が減少に転じ、今後も減少傾向が進むことが予想される中、人口減少に伴うまちの活力低下が懸念される。今後、まちの活力を維持・創出する取組が必要となっている。

もみじ台地域における高齢化率は札幌市の中で特に高い。また、地域のまちづくりを支えてきた各種団体における担い手の高齢化も進み、後継者の確保が難しい状況にある。今後、地域のまちづくり活動を維持するための取組が必要となっている。

また、人口減少・高齢化とともに少子化が進行し、児童生徒数の減少にともなう小中学校の統廃合がおこなわれている。今後、地域児童生徒数の規模を考慮し、子どもたちにとってより良い教育環境を整えることが必要となっている。

もみじ台地域は、市内最大規模の管理戸数を有する市営住宅やもみじ台管理センターなどの公共施設の老朽化が進行し、今後、順次更新時期を迎える。

各施設の維持管理・更新の方針を踏まえ、適切な維持管理・更新等を必要とする。

(6)「少子高齢」社会を「前提」に再生計画を立てる

1 「少子高齢化社会」を、悲観・衰退論と見なさない。これが賢明

つい最近まで、「人口問題」は《人口「増大」》問題で、人口の増大が食料増産を上回り、人類は暫時「衰滅」に向かう、と実に実に長い間考えられてきた。「人口増問題」はマルサス（1760～1834）の「人口論」を典型として、実に「人類衰滅」論であった。

日本は「少子高齢」社会の典型だ。私の母は、「１００歳まで生きる！」が口癖であった。残念ながら叶わなかったが、30歳代に、当時「死病」であった「乳がん」（全摘）に陥り、それと戦って50年であった。「幸運」の極みではなかったろうか。その母を、今、私が超えようとしている。

「少子高齢社会」をプラス価値、すなわち「幸福」＝幸運とみなす必要がある。そのなかで「もみじ台団地」問題を捉える必要がある。

2 「少子高齢社会」は「福音」だ

以下の『日刊ゲンダイ　サッポロ版』（２０１２・２・８）に連掲載の拙コラム。参照されたい。

《50年後、日本の人口は３分の２になる（とさ）。そうなら、けっこう毛だらけじゃないか。36年後の48年、日本の総人口が１億人を割る。50年後の60年には８６７４万人まで、およそ３分の１減少する。こう１月30日、国立社会保障・人口問題研究所が発表した。各メディアはいっせいに少子高齢化に歯止めがかからない、経済と社会に活力が失われ、社会保障制度の崩壊をまねく等、あいもかわらない凡庸な日本悲観論を掻き鳴らしている。

△人類の「人口問題」

人類はその「発生」以来、人口増が食料増を上回り、人口増が人類を貧困と衰退に、ひいては衰滅にみちびくと警鐘乱打してきた。いわゆる「人口問題」である。その典型がマルサスの『人口論』（1898年）で、マルサス主義者たちは人口増を防ぐために「禁欲」や「早婚の禁止」をかかげたのだった。

ところが20世紀に入って、英仏をはじめとする工業社会＝西欧先進国は人口減に悩むようになった。人類の宿命とみなされてきた「人口問題」は「解決」（棚上げ）され、新しい「人口問題」、人口減少をどう防ぐかに苦しめられるようになった。移民を「推進」したり、安心して子どもを産める社会保障制度をどう整備するか、が国策になった。「多産」は美徳になったのだ。

△日本の「人口問題」

日本が最大の「人口問題」を迎えたのは、経済と社会が停滞した江戸中後期の150年間余で、総人口が3千万人でぴたっと止まったままだった。明治の政治経済社会の変革がこの「人口停滞問題」を解決した。20世紀初頭、日本が積極的に海外に軍事進出し、植民地を獲得すべきだという理由の一つとされたのが、「狭い国土に過密な人口」であった。このマルサス流の「人口問題」を雲散霧消させたのが日本の敗戦で、それから60年、日本はようやく西欧がたどりついた「人口減」の問題に直面し、右往左往することになる。

△人口減＝衰退か？

「人口減少社会」、日本の都市と農村がたどる未来図を、「過密」から「過疎」とするのはまったく正しくない。現在、日本は面積で25倍強のアメリカに対して、人口数では2分1弱の先進国で第2位なのだ。面積1・5倍のフランスより、60年後の人口数（フランスの人口数が変わらないとして）は多いのだ。

50年後、65歳以上が4割になる、もしその通りになったとして、それがどうしたというのか。60年後、平均寿命は男＝84歳、女＝90歳になる。75歳まで働ける「幸運」に恵まれた社会が来ると思えないのだろうか。

△過保護脱却社会へ

重要なのは「過剰保護」社会を脱却することにある。「仕事」をしたくない人、国や「他人」のツケで生きたい人、ニートにとっては、生きにくい社会にじょじょに変えてゆく。いいじゃないか。それが正常な社会と人間の生活というものだろう。》（拙著『大コラム平成思潮　後半戦』言視舎　2018　所収）

3　「比較」思考でいこう

1　問題は、もみじ台が、「近接」する青葉台団地と「比較」して、交通の便が「悪い」（新札幌ターミナルから「バス通のみ」ことにとどめを刺す（だろう）。「交通」は、すべて、新札幌バスターミナルからバス通、あるいは自家用車だ。

ただしだ。新さっぽろ駅から、徒歩で１㎞、「遠く」ても２㎞余である。歩いて、15～20～30～40分。「克服」できないか？

２　それに、５階建ての高層住宅に、当初からエレベータが敷設されていなかった。（ま、TVドラマ『団地のふたり』のボロ「団地」も、ご同様で、「足」はもっと不便。）

だが、全面「建て替え」時期が来ている。「大チャンス」じゃないか！　好んでだが「過疎地に」計40年あまりすんできた、私の感情だ。

３　住民の「高齢・少子化」が、この巨大団地の人口減を加速させた。事実だ。

だが、「少子高齢化」は、だれのせいでもない。日本国中、世界中の流れ、それも、先進国にとっては、だ。「悲観」し、「愚知」を言っても、しようのない問題だ。

札幌市にできるのは、「段階的」な「建て替え」や「別利用」だ（ろう）。これも、ひばりが丘・青葉町が通った道だ。

４　特記したいのは、隣接する青葉町の交通「至便」・住空間「快適」・「美麗（エレガント）」との比較差の拡大にある、*と推察する。（もちろん、ゲスの勘ぐりではない。）

もみじ台に居住する生活者は、この３つの「格差」を是正することがなければ、もみじ台団地はいっそうの衰滅途上にむかう、と声を大にしていいたい。

でも、団地住民が再建案＝「願い」を出し、札幌市も一応にもせよ（正面から）「答え」ている。この「動向」に注目したい。
5　基本は、だから、ここに「住みたい」人、「住む必要のある」人が、「再建」を担う、それ以外にない。
＊あえて注したい。青葉町も、当初は戸建ての落ち着いた、別の表現を使えば、何の変哲もない、ジミーな「団地」に過ぎなかった。そう、私の高校時代の友人（故人）もその一員だったし、長い間とり続けている朝日新聞販売所（朝刊）も、拙宅からかなり遠い青葉町の縁にあった。今もある。あっ、30年間で、1度だけ、この町で昼食にそば屋に入ったか！
この町は、私にとっては、実家に用事があって、ときに団地の中を車で通り過ぎるだけの「通路」にすぎなかった。だが、ここには、たえまのない「手直し」と「再生」が見られた。今もある。

近年も、青葉町は、旧低層団地を超モダンな高層住宅が大通りを半円形で囲み、旧団地も彩りを添えるように「衣替え」をした。絶え間のない「再生」だが、もっとも、ここだってあと10年後、どうなっているか、それは「住民」次第なのだ。

新札幌ステーション地区も、再生と新生を重ねてきた。今後も重ねなければ、すぐに老朽化＝「衰退」を余儀なくされる。札幌の中心街、例えば「ススキノ」だってそうだ。東京こそ、厚・薄化粧の別なく、切った・張った、掘った・埋めた、……を重ねている。

（7）「千里ニュータウン」の消長

ちなみに、ここで、「再生」に「成功」した例を紹介しよう。

大阪のベッドタウン、千里（丘陵）ニュータウンが生まれたのは1962年で、大阪万国博覧会（1970年）以降、急成長していった。だが、その後の「消長」が激しい。「格闘（バトル）」もより激烈だった。（私は、当時から、その盛・衰を近距離で見ていた。）

千里ニュータウンの人口変化

1958年　開発決定
1969　人口10万
1975　人口13万弱
1990　モノレール開通
1997　人口10万弱
2006　65歳以上　25％超
2009　8万9212（最少）
2019　10万人回復

2022　　13万強

よくよく記憶に留めてほしい。全国「ニュータウン」の「象徴」的存在だった「千里ニュータウン」にして、その消長は激しかったことをだ。重要なことは、千里の住民が、50年余、世代を新しくしながら、「改善」・「改良」をやめなかったこと、諦めなかったことだ。

2 「バブル期」⇩「普通の国家論」↓「構造改革」

(0) 時代の推移

第2章1(58頁~)で、池田勇人「高度成長期」(1960~1970)から田中角栄「列島改造期=地方の時代」(1972~82)を特徴づけた。だが、この間にも、

①「ドルショック」(1971 米ドルが金本位制を離脱、変動相場制に移行、1ドル360円から最大70円台後半(2011))にまで推移した。

②バブルとバブルの崩壊。

③2度(~数度)のオイルショック。

④「インフレ・ターゲット」=「デフレ基調克服」政治・経済の登場。

以上を踏まえて、異例とも思えるが、ここで1990年代以降の、日本の政治・経済「変動」について触れておきたい。核心部分で、「札幌副都心」構想とその現実・推移につながるからでもある。

（1）『日本改造計画』

1993年、小沢一郎著*『日本改造計画』（講談社）が現れたとき、驚嘆させられた。日本にもついに国際社会に通用する国家・政治構想を論述できる政治家が現れたと思えたからだ。（それも、私と同じ歳の男にだ。）

わたしばかりではなかっただろう。事実、政治家が政治戦略構想を記した著作として、これほど読まれた書物はなかったといっていい。しかも著者は「豪腕」（口先だけでない、と思われた）小沢である。だがなぜに驚嘆すべき内容だったのか。

明治以降、政府の「保護や管理」を頼って成長してきた日本企業や国民生活を「改変」し、社会主義ソ連崩壊以降の国際社会の変化に対応した、「国家責任と個人の自己責任」とを果たすことができる「普通の国」になることを、政治課題の正面かつ全面にかかげたからだ。

日本はもはや「同質社会」ではない。日本型民主主義（＝個人が集団へ埋没し、自己決定の責任を負わない談合政治）から普通の民主主義（多数決で決定し、その決定に自己責任を負う）への転換が必須であり、国際社会のルールを国内に導入・共有し、「経済大国」にふさわしい国際〔inter-nations 国家間〕責任を果たす必要がある。そのために、3つの改革が必要だ。

1.〔政治主導〕政府のリーダーシップの確立。官僚主導の政治をやめ、政策決定過程とその責任を国内外に明らかにする。
2.〔小さな政府〕 地方分権。国家全体（中央政府）として必要な外交、軍事、教育、年金等々以外は、「権力」を地方に移す。
3.〔自由市場経済ルールの確立〕 規制撤廃。原則は「競争の自由」で、経済と社会活動に必要な最低限度の規制にとどめる。
4.「個人の自立」 この3つの「政治・経済改革」が究極にめざすには、これなしに真の民主主義社会は生まれない。国家の自立もない。国際社会で責任を果たしえない。

明治政府以来、これほど時宜に適った（タイムリー）かつ、的確（プロパー）・根本（ラジカル）・総体（トータル）な国家「改造」計画書は書かれなかった。まずこういおう。それに平明で論理的である。読み・理解しやすい。

本書は、小沢が1993年、自民を飛び出し自民単独長期政権に終止符を打った直後に現れた。多くの人が小沢「改革」に絶大な期待を抱いた理由である。

だが残念ながらこの「計画」は、「政権」交代を可能にする「小選挙区」制を実現したにとどまった。小沢は非自民連立政権樹立（1993年）のときも、自民・自由連立政権（1999年1月）、さらには民主党に合併・吸収（2003年）され、民主党が政権交代（2009年）を果たしたときも、「改造計画」と真逆な政策立案、政治決定と行動を繰り返した。

しかも田中角栄や竹下登の多数派工作を基本とする権力掌握・政権運用「術」の採用に走り、その術は二人の師より「稚拙」であった。

＊小沢一郎　1942・5・24～　東京生、岩手育ち、67年慶大・法卒。69年衆院初当選、自民最大派閥田中・竹下派に属し、90年党幹事長。93年非自民政権を樹立。99年政権復帰（自民・自由連立）、だが直後の00年解消。02年民主党へ、09年民主党政権・幹事長、12年離党、同年末、民主政権瓦解。2024年現在、自民を少数与党に追い込む。いまだ「壊し屋」の異名は消えていない。

（2）「構造改革なくして成長なし」

『日本改造計画』は「官僚主導」を廃し、「小さな政府」をめざし、積極的に外国企業招致や外資導入をはかり、軍事活動を含む「国際貢献」を記したが、「小さな政府」の要である民営・民活への転換、規制緩和＝自由競争、自衛隊の海外派遣等を明確に語らず、したがってその「計画」実現への「一歩」しか踏む出すことはできなかった。

小沢は民主党に転じてからは「計画」自体を放棄し、自由競争を制限、既得権を擁護する、民主主義と市場経済発展の「攪乱者」に留まった。

小沢の「改造計画」を引き継いだのは、同じ自民党とはいえ、小沢が属した田中・竹下派と対立する福田・森派に属した小泉純一郎[*]だ。

「計画」は旧来の自民「基盤」では不可能だ。自民党を出た小沢に対し、小泉は一匹狼を自認し、「自民党（田中・竹下派）をぶっ壊す！」を掲げて、２００1年の総裁選挙に勝ち、政権を握り、小さな政府、官僚政治の打破、貿易・投資・雇用等を含む企業活動に大胆かつ大規模な規制緩和を断行し、郵政・道路公団・国立大学等の民営・法人化、日米（軍事）基軸を鮮明にしてイラクへの自衛隊派遣等を断行する。

私の見るところ、いわゆる小泉の「構造改革」は、小沢の「改造計画」の「修正」であり「具体化」であった。バブルの崩壊（１９９０年）後、国際的孤立と経済停滞に苦しんでいた日本を、国際貢献・競争と責任力ある社会に転換する出口＝契機を与えたといっていい。

＊小泉純一郎　１９４２・１・８〜　神奈川横須賀生まれ。67年慶大・経卒。72年衆院初当選、福田・森派に属すが、「一匹狼」を自認し、厚生大臣等を歴任。01年３度目の総裁選出馬で勝ち、組閣。05年参院選で大勝し、郵政民営化を実現。06年辞任。祖父、父、息子4代にわたる政治一家。

（3）「構造改革」の後退

しかし政治は「一歩前進、二歩後退」である。

小泉「後継」内閣は、規制緩和による外資導入と雇用を含む企業活動の自由競争が不可避にはらむ、「価格競争」(デフレ)と「格差拡大」反対の「大合唱」に対応出来ず、「構造改革」を後退させ、日本の政治を既得権益回復の道へと逆戻りさせ、「政権交代」のチャンスを民主党に与えた。

ただし小沢一郎も、その主導者であった民主党政権下(2009~2012年)の3年余で、日本国と国民は再び「自由」を規制し、自己決定と自己責任を負わない「同質社会」への道を歩み、国家は国際競争力を失い、大きな代償を支払うことになった。これこそ「民主主義(多数選択)」の「自己責任」(セルフ・ヘルプ)と呼ぶべきものである。

3 厚別中央区東町の「現在」 次々と「過去」を発見

(1) 家宅の周辺

私は1983年、23年ぶりに、三重の伊賀神戸(過疎地)から家郷(実家)に戻った。まず、その大変貌ぶりに「仰天!」。第1に、「家業」がなくなり、私が育った家・屋敷(家屋・商店・倉庫等々)がなくなっていた。

父が新しく建てた家は、道路側が9階の高層マンションに塞がれ、道路を隔てた俵谷自転車店、日常・生鮮食品(野菜・魚主体)等を売る高松商店が消失、ともに小「マンション」に姿を変えていた。新谷畳店は「家屋」を残したまま廃業、人気のなかったタバコ・麴を売る小島さんの広大な母屋は、レンガ壁の瀟洒な家屋に変わり、出稼商の下宿もかねた浜旅館がマンションに、藤元本屋は空家のまま、親戚の大浦理髪店等々は姿を消していた。ただ親戚の樋口さんの広い家屋敷は、厚別中央整形外科に変わった。院長の政法さんは、小学でわたしの末妹と同級だ。

しかし、ぼそぼそと気分転換を兼ねて周辺をこまめに歩き出すと、大阪理容院は「健在」、信濃神社のネキにあった杉田さんや藤井君の家も確認できる。なによりも驚いたのは、高松さんの借家（？）にいた深野さんの家が私の住まいの真後ろ（？）に移転している。同級の岩田（アパート）があり、少し足を伸ばすと「田中」さん、それに、親類の鷲田厚一さんの豪奢な家を見つけることができた。そうそう、厚別モチ米の「親」、中川さんの立派な（？）新宅を見いだしたときは、感動ものだった。

ＪＲ厚別駅のほうへ向かうと、遠藤商店の「跡地」が巨大マンションに変わり、その南に関ビル（もと酪農と紡績業）が旧予備校＝「空家」になっている。駅前の真横に、村上商店が建てたマンションが、持ち主（？）がかわり、新装・改築されている。この周辺が、かつて村上・遠藤商店にたむろした「いっぱい飲み助」たちの「かくうち」（角打ち）天国であった。ま、そのひとりが、中学の加藤先生で、のちにわたしの義父になった。

等々の「記憶」は、この町のどこにも刻印されていない。私の脳髄（「追憶」）の中に残っているだけに過ぎないが……。

最も記憶に刻印された「物」（証）は、やはり信濃神社境内に「断片」として残されている。古木であり、鳥居であり、「碑」だ。小学校は完全に改築され、生徒数が激減、かつての瀟洒な面影すら残っていない。

（2） 厚別駅は開拓民の出入り口

1　一見、80年、変わっていないようなのは、JR厚別駅だ。ここで、昭和天皇の巡幸を迎えた……。もちろん、通勤・通学客で混み合うこの駅とホームは、汽車から電車（あるいは気動車）に変わり、自動改札になり、切符を買うのが高齢者にはやっかいな代物になっている。そうそう、高架通路（エレベータ付き）もできた。床屋もある。

かつて、「駅」は、鉄路を頼りに、子どもが親元から逃亡する唯一の「出口」だった。ただし、一種無類の「関所」で、親に無断で「汽車」に乗ろうとすると、すぐに「しかと」（確と）され、駅から通報され、キャッチ・アウトになった。それに、旧厚別では、駅は「情報」（通信）の「核」でもあった。他に、学校、寺、郵便局、……もその役割の一端を担ったが。

2　私は、大学時代（1962〜70）、夏・冬休みに長期帰省した。家でゴロゴロするだけだったが、日本中、あちこちと「気車」で移動する楽しみだけは、「帰省列車」の習慣の延長ではないか、と思える。全線「鈍行」で回る楽しみ（＝退屈の美学）を満喫する唯一無二のものと思えた。（ま、いまは、TV「旅行」で再現するだけだが……）

3　「札幌―苗穂―白石―厚別―野幌―江別」という旧JR函館本線は、石狩平野のど真ん中を走っている。この幹線は、1872年に計画され1882（明15）年に開通した幌内線で、幌内駅から石炭を積み出し港小樽に運ぶためだ。

北海道「開発」にとって緊急の課題であり、日本近代化にとって不可欠のエネルギー資源＝石炭確保計画だったのに、鉄道敷設になぜこれほどの日時を要したのか？

答えは明快、石狩川とその支流が縦横に貫流する「大湿原」の中に、地盤沈下を防ぎつつ、鉄路を通すことが難事業だったからだ。（幌内線を引き継いだ現「函館本線」をたどると、見事に鉄路が「湿原」の外縁（へり）を走っていることが確認できる。（併せて、今も残る防雪林の存在にも注目されたい。）

4　厚別の開拓が、屯田兵村等の集団移住ではなく、個人あるいは多くても10数人の集団移住であり、それも明治中頃に始まったことが、「厚別駅」を移動・集合の拠点とした理由でもあった。そして厚別駅を中心に、神社、学校、日常雑貨店、運送業者、寺、家屋等々が集まった。武士の「集団」移住であった白石と異なる理由である。

＊ちなみに、私の岳父・鷲田彌左衞門も、妻と長女をつれ、福井（鶉村）からはじめは大工の触れ込みで札幌に出て、明治10年代末に厚別に「入った」そうだ。そのはじめは、厚別の原生林に、出たり入ったりだったただろう。

5　厚別は、厚別駅中心に開けていった。駅が集合離散の「場」であった。だが、白石が白石駅を重要視したのは明治の中頃、白石煉瓦工場が本格化してからのことだ。そして、わたしたちが知っている1950年代の白石駅付近には、すでに煉瓦工場はなく、まとまりを欠いていた。

白石の中心は、私の記憶では、国道12号沿線の役場・学校・神社がある「高台」であった。

（3）厚別の「2都」（東区・旭町）→「1都」＝「厚別中央町」

白石村（＝白石＋厚別）→白石町（＝白石＋厚別）→白石区（＝白石→「白石中央[*1]＋厚別中央[*2]」）……→厚別（東区＋旭町）……→厚別中央

＊1　地下鉄白石中央　＊2　地下鉄新さっぽろ

そのほかに、「白石＋厚別」2都を形成する因子を確認しておこう。

＊3　地下鉄白石中央（＋豊平美園（みその））＋新さっぽろ
＊4　JR（函館本線）＋千歳線
＊5　豊平川（白石＋札幌）＋厚別川（厚別＋白石）

第4章　2都構想　あるある

（1）「札幌―新札幌」→「白石―厚別」→「札幌＝多都（多核的都市）」構想

「歴史」は、絶妙にも、繰り返される。姿を変えて、何度も何度も。

ただし、歴史は、常とはいわないが、「前方」にあるのではなく、「後方」に生まれる。「思い出」であり、「記憶」である。「物語」だ。

1　歴史経過から見れば、まず、①「白石―厚別」の2都（構想）が先行し、②「札幌―新札幌」の2都構想が生まれた、といっていい。

大げさな、というなかれ。私は、多少にかかわらず、札幌市・人に「コンプレックス」を感じてきた。違和感、といったほうが正確かもしれない。勉強でも、運動でも、どうしても「なじむ」ことが難しかった。

それに、札幌市内から見れば、白石も、厚別も、まるで「田舎」だ、という対応があった。

（2） 多重構造──札幌

だが、形成された「札幌」は、内側でも、外側でも、多都＝多角・多重の都市構想・構造をもってきた、といっていい。

1950年代、よくよく見れば、最も歴史があるとされた「山鼻」（旧屯田兵村）はすでに目鼻立ちが消え・古くさくなり、丸井・三越デパートが建つ「4丁目」がピカピカしていた。だが、1990年代、地下鉄で結ばれた「白石中央」は、歓楽街になりかけていた「北24条」とは全く違った意味で、十分に「ナウ」かった。ま、「小ススキノ」じゃないの、と思える瞬間もあったが。

（3） 「多角中心」構想は、札幌全10区の構成に現れている

北海道は「歴史」がないといわれる。が、その「現代史」の厚みと濃度は、他府県とくらべて何ら遜色がないと思える。3～4代を遡れば、「どこか？」（私のところは福井坂井郡「黒丸城」出身）の人間だ。ただし、その「一族」はいまやバラバラ状態。私のように「家郷」に戻ることさえ稀だ（ろう）。

（4）区境が何度も変わる　厚別と川下

白石と厚別は、「区境」を接しているが、その「境」は何度も変わった。「必要」あってのことだったろうが。

最大のものが、白石区から厚別が分区（「独立」）するとき、区境の「基準」であった厚別川の「改修」もあって（にかこつけて？）、厚別開拓の一方の旗頭であった「川下」地区が、厚別から「白石区」に分属したことだ。その川下、もとから厚別川西沿いにあって、日常生活は白石「北郷」と関係が深く、学校（だけ）が厚別の信濃小・中学校に通っていた。

私は、川下が白石に移ったことに、異・非を鳴らしたいのではない。その経緯を可能な限り明示しておいてほしいだけだ。いまでも、9年間、同じ小・中学校に通った、小池、岡田、島田、佐々木（生年月日が私と同じ）、川端、……くん・さんの名が浮かぶ。ところが、「大人」の顔は思い浮かばない。日常、顔を会わすことがなかったからだ。

（5）札幌「都市群」構想＝構成

1　一極集中

簡単にいおう。北海道は、札幌市に一極集中化が進んでいること、他府県の県庁所在地と変わらない。

札幌の「衛星」（古くさい表現だ！）都市の人口（２０２０年）は、多い順に、苫小牧（17万）、江別（12万）、小樽（11万）、千歳（10万）、岩見沢（８万）、恵庭（７万）、石狩（５・５万）、北広島（５万）、計およそ80万人（２０２０年）だ。これに札幌市をあわせると、２７０万人を超える。北海道の人口は、５３０万だから、ちょうど「半分」を札幌圏が抱えていることになる。

2　札幌は「メガシティ」の１つ

1　メガシティ

ただ人口が多い、図体が大きいというのでは、「メガシティ」とはいえない。

インド中央部のベンガルールは、世界的なシリコンバレーで、人口１４００万人を数える。だがその過半は、「水不足」のため、通常の市民生活を送ることができていない。

日本でメガシティといえば、①東京（世界シティ）、②横浜・大阪・神戸・京都・名古屋（メガシティ）、③札幌・福岡・広島・仙台・金沢（200〜100万都市）とグループ分けすることができる。（もっとも、私の知るかぎり、1960年代までは、どこも、「水質汚染」「断水」等で、通常の都市生活に支障を来していた。）

③グループも、地域の中心であるだけではなく、核のある多核都市をめざし、日本と世界に開かれている。札幌と福岡は、③グループの先頭を走っている、北と南の特別区、といっていい。ただし、札幌市の充実は、すでに・はっきりと、拡大膨張期から内部充実期に移っている。

2 「核心」は内部充実

新札幌駅周辺も、再生した青葉台団地も、基本は同じなのだ。ときに、ところによって、縮小だってありうる。

もみじ台団地（住民）が、「再生」を目指すのであれば、地域住民が中核となって、段階的に実現可能な形態をまず明示し、1つずつ取りかかる必要がある。原則は、「自助努力」だ。

3 「東区」と「旭町」

1950年代、東区と旭町は、対抗しつつ厚別の2都だった。むしろ、交流のあるなしにかかわらず、不可分の関係にあった。「2都」というゆえんだ。

だが、新札幌＝副都心計画が実現に向かうと、東区と旭町の区別がなくなった。2つの町（地区）の歴史や対立など、意味を持ち得なくなった（とさえいえる）。「厚別中央」という1つの町になった。ところが、やはり、JR厚別駅とJR新札幌・地下鉄しんさっぽろ駅を基軸とする厚別区の中心（＝2都）である。

なんだ、相変わらず札幌市の「外れ」（僻地 remote areas）じゃないか、というなかれ。だからこそ「副都心」であり、「札幌―新札幌」↑「新札幌―白石中央」↑「厚別―白石」↑「東区―旭町」、つまりは「2都」の「重なり・連なり」＝「歴史」なのだ。

参考文献（本文中に明示したものを除く）

・『信濃』（札幌市立信濃中学校生徒会　1959　64ページ）
・『白石発展百年史』（札幌市白石開基百年記念事業会　1970　251ページ）
・『白石ものがたり』（札幌市創建110年を記念して……　札幌市　1978　144ページ）＊貴重な写真集でもある。
・『厚別開基百年史』（同百年記念事業協賛会　1982　250ページ）
・郷土誌『しなの』（札幌市立信濃小学校開校90周年事業協賛会　1983　120ページ）
・『札幌市立信濃中学校70周年記念誌』（同　同窓会　2018　154＋4ページ）
・『札幌歴史地図　昭和編』（札幌文庫・別冊編　札幌市教育委員会編　1981　52ページ）＊昭和初期の厚別駅前のにぎわいを彷彿とさせる図がある。
・『古地図を歩く　札幌圏（2020・10）』（ontona 別冊）
・『札幌市厚別区〈新札幌周辺〉』（ゼンリンエアマップ）
・「厚別区ガイド」（厚別区役所　2024・4）
・『輝く白石・厚別120年のひとびと』（白石区ふるさと会　1990　297ページ）
・『信濃神社百年』（信濃神社鎮座百周年記念事業協賛会　2000　185ページ）

・『時代小説で読む！　北海道の幕末・維新』（鷲田小彌太　亜璃西社　２０１３）

＊三遊亭円朝　落語の大名跡で、近代文学＝言文一致の「創始」に力を尽くした円朝の『椿説蝦夷訛（ちんせつえぞなまり）』に、厚別＝「厚志別」が記されている。感動。

・桑原真人・川上淳共著『北海道の歴史がわかる本』（亜璃西社　２００８　増補版　２０１８）

・関秀志『北海道開拓の疑問を関先生に聞いてみた』（亜璃西社　２０２０）

・『札幌の地名がわかる本』（関秀志編　亜璃西社　２０１８　増補版２０２２）

・なお拙著『北海道5年後こうなる』（ＰＨＰ研究所　２００３）と鷲田・井上美香『イノベーションの大地・北海道』（言視舎　２０１８）を参照くだされば、幸いです。

第2部

新・北多摩風土記

――杉山尚次

序章

「横丁の蕎麦屋」を守りたいのは「保守」だけではない

▼2つの「ひばりが丘」から

「ひばりヶ丘」という駅名が、2つあることを知ったのは、ネットが普及し「路線情報」が簡単に手にはいるようになってからだ。

乗り換えの列車の候補・時刻・料金を調べようと、自分の使う「ひばりヶ丘*」を入力しようとすると、「ひばりが丘（北海道）」という候補も出てくる。札幌市営地下鉄の駅があるようだ。そうか、北海道にも「ひばりが丘」があるのか、世の中広いなと思っていたところ、本書の共著者が住んでおられる土地の近くだと聞き、世の中狭いもんだとも思った。

ところが「ひばりヶ丘」は3つ以上あることが最近わかった。東京の羽村市にもその名のバス停があるようだが、愛知県みよし市にも「ひばりヶ丘」という地名があることを知った。そこには名古屋刑務所がある。なかなかの奇遇ではある。

＊「ひばりヶ丘」という「ヶ」を使う表記は西武池袋線駅名とみよし市の地名、羽村市のバス停で、ほかは「ひばりが丘」のようだ。

▼東京の「ひばりが丘団地」

いかにも郊外の土地であることをあらわすネーミングだから、「ひばりが丘」がどの土地にあってても不思議ではない。そのなかで東京の「ひばりが丘」が、ある程度全国的に知られたであろう出来事があった。

1960年9月6日のことだから、60年安保闘争の余韻がどれだけ残っていたのかはわからない。なにごともなかったような日常性が戻っていたかもしれないこの日、当時の皇太子夫妻が、東京郊外に建てられたばかりの「ひばりが丘団地」を視察したのである。これは大きなインパクトを残した。

「ひばりが丘」という土地を知らない人に、ここを説明する場合の常套句がある。

「池袋はご存じですよね、所沢はわかります? その中間くらいのところです。西武池袋線に乗って行きます」

こう言うと、「あ、団地があるところね」と、ある年齢以上の方にはわかってもらえる。これは〝皇太子夫妻〟効果に違いないと思える。

高度経済成長は始まっており、当時憧れの対象だった団地は新しい国民生活の象徴であり、そこにこれも新しい皇室を体現する前年成婚したばかりの皇太子夫妻が訪れる。新しいメディアであり普及しつつあるテレビがそれを伝える。この出来事は、戦後の社会史においてかなりの象徴性をもつものだったと想像できる。

経済成長にともなう都市の膨張にあわせ、団地の建設は〝国策〟のように進められ、郊外にはベッドタウンとして団地が次々に建てられていった。とくに西武線沿線のまちは、日本住宅公団の団地とともに発展していったという側面がある。

ひばりが丘団地は1958年に建設が始まり、59年から60年にかけて入居、2714戸に1万

昭和30年代のひばりが丘団地で記念撮影。左は筆者。当時「団地」は物珍しいものだったらしく、地方に住む親戚が上京した際、「案内すべき場所」だったと思われる。

現在のひばりが丘パークヒルズ

以上の人が住むこととなった。これは当時日本一の規模を誇った。立地は変則的で、当時の保谷町・田無町・久留米町という3つの自治体にまたがっている。

保谷、田無はその後それぞれ市となり、2001年に合併する。久留米町も東久留米市となった。現在「ひばりが丘パークヒルズ」は、2つの市の境界に存在している。ちなみに「ひばりヶ丘駅」は、この団地ができたことにより「田無町」からこの駅名になった。この駅は東京都の西東京市に属するが、東久留米市、埼玉県新座市の近隣にある。不動産的に、この三市の物件は新座市や東久留米市でも「ひばりが丘」を名乗っていることがある（ひばりヶ丘は急行停車駅であることもその理由のひとつ）。

▼「郊外」化が進む日本社会

さて、日本の戦後社会の80年は、ひとことでいうと社会の「郊外」化が進んできた過程である、という考え方がある。

「郊外」はある種の比喩である。合理的で便利、余計なものはない。均一的、画一的で、どこに行っても同じ。そうしたことを統御するシステムが生活世界を覆いつくしている状態、都市が膨張することによってできた空間ということである。

もう少し違う言い方をすると、戦後社会は、コンビニ、ファストフード、大型ショッピングモール、そして電脳ネット空間が席捲する社会に行きついた、と言い換えてもいい。

「郊外」化の進行には3つのステップがあり、そのつどそれまでの社会的関係を解体した。

①団地化――60年代、最先端の団地が次々に進出することによってそれまでの地域社会が空洞化した。*

*ただし、当初の役割を終えた「団地」は、周回遅れのトップというか、現在にいたってそれまでとは違う価値を発生させているかもしれない。これについては3章で述べる。

②コンビニ化――80年代、利便性の追求、無駄の排除というシステムが社会を覆う過程は、家族関係が稀薄になっていく過程と軌を一にしている。家族の空洞化の象徴としてのコンビニ。

③ネット化――90年代後半から現在にいたるまで、これによって人間関係の匿名化、空洞化が加速度的に進行している。

以上は、宮台真司・野島智義『経営リーダーのための社会システム論』（光文社、2020年）と三浦展『ファスト風土化する日本』（洋泉社、2004年）の議論をまとめたものである。

議論を単純化しすぎているかもしれないが、まさにわれわれの前に広がっているのは、そういう風景だし、出ているキーワードは言い得て妙だと思う。

この議論を前提に、たとえば「ひばりが丘」を考えるとどうだろう。団地があることくらいしか特徴がない郊外のまち、ということになる——かというと、そんなことはないでしょ、というのが筆者の立場だ。

▼たとえば「ひばりが丘」には……

どんな「郊外」のまちにも歴史はある。それを掘り起こすことはけっこう面白い。

たとえば、巨大な外食チェーンである「すかいらーく」グループ発祥の地はひばりが丘である、というのはどうだろう。ひばりが丘団地に隣接していた「ことぶき食品」がその前身。団地という立地を活かし、いろいろな工夫を重ねた商店は大繁盛するが、大手スーパーの進出で苦境に立たされる。そこで経営陣は転業を模索し米国を視察、そこで郊外型レストランを「発見」する。そして1970年、国立に「スカイラーク」1号店をオープンした。「ラーク」は、ひばりが丘の「ひばり」にちなんでいる。これが現在、海外を含んで総店数約3000店で、世界最大級のレストランチェーンの始まりである。

「団地・郊外・ファミレス」と、さきほどの図式のキーワードを凝縮したような話になっている。しかし、「システム」化の進展の下で人間がうごめいているのがわかる。昨今話題になっている「新規事業」への転換の成功事例のようでもある。

企業側は利益を追求し、システマティックに合理化を進めているだけかもしれない。その流れを押しとどめることはできない。しかし往々にして、システムは文化的な蓄積を無駄と判断しがちだ。

たとえば、店舗の名称としての「すかいらーく」(当初のカタカナ表記からこれに変わった)は現在消滅している。なんでも揃ったファミレスから多様な店舗展開への転換だからそれでいいのかもしれない。しかし名前は文化ではないだろうか。その賞味期限が切れたということだろうが、なにか釈然としないものが残る。

▼「北多摩」の再発見とシステム化への抵抗

このように「郊外」の現象とひとことで片付けられないものを掘り返してみようという試みが、1部でも紹介のあった『北多摩戦後クロニクル』だ(地域報道サイト「ひばりタイムス」に連載⇩書籍化)。

右の「すかいらーく」の物語は、同書の「1962年　ひばりが丘団地に『ことぶき食品』開

店 ファミレス『すかいらーく』の原点」（片岡義博）をダイジェストしたものである。

次章でも述べるが、「北多摩郡」は1970年に消えている。「北多摩」という言葉は半分死語のようになっていて、あまり注目されることもなかった。しかし、北多摩の北部5市（西東京・東村山・清瀬・東久留米・小平）を中心にスポットを当ててみたところ、意外な発見があった。なにしろ、このエリアだけで約75万人の人口を擁している。福井県と同レベルの人口である。地味であまり特徴もない〝ただの郊外〟みたいな地域にも、多様で固有な歴史がねむっていることが浮かび上がってきた。

この試みは、社会のシステム化に生活世界が浸食されっぱなしになっている状況へのひとつの抵抗ではないかと思っている。

とはいうものの、大きい時間の流れのなかでは社会のシステム化は不可避だ。便利になることが悪いと言っているのではない。しかし、次のような意見に唯々諾々と従うわけにはいかない。

「令和のミスター円」と呼ばれる神田真人前財務官は、東京新聞のインタビュー記事（2024年10月23日）で、「日本経済（再生）の処方箋」を問われ、
《企業の新陳代謝の促進や成長分野への労働移動の円滑化》によって《（国際的な）競争力を高め……持続可能性のない企業を政策支援で無理に生かし、労働者を低賃金のまま縛り付けるような状態を、普通の経済にするだけで変わる。》と答えている。

つまり、生産性の低い企業（高く売れるものをたくさん作れない企業、つまり多くの中小企

業）はさっさと潰せ。そんな企業に勤めているから低賃金のままなのだ。成長分野に労働者を移動させれば、労働者の賃金は上がる（非正規雇用が多いのに可能なのか？）。それが「普通の経済」だ、ということだろう。

コンビニにおいては「死筋商品」を探し、それを徹底して排除することが至上命題になっていると聞いたことがある。「ミスター円」の論理は、コンビニの論理をそのまま社会に拡大したものだ。先に挙げた80年代社会の「コンビニ化」図式がまさにあてはまる。また、このころから声が大きくなってきた新自由主義者が、現在もシステムの中枢にいるということでもある。国家と資本は手を携えて、社会の「整理整頓」を継続的に狙っているようにみえる。

▼「横丁の蕎麦屋」を守りたい

こういう趨勢に対して、意外なところから「なるほど」と思える言葉が発せられていることを知った。２０２４年9月、60歳ちょっとで亡くなった批評家福田和也の死亡記事に、代表作として『保守とは横丁の蕎麦屋を守ることである』（河出書房新社、２０２３年）が挙げられていた。このタイトルはすごいと思った。

「保守」にはなんの興味もないが、「横丁の蕎麦屋を守る」という考え方には心底から賛同できる。早速読んでみた。

この本は、２０２０年11月から雑誌に連載された、コロナ禍のなかでの「名店再訪」記をまとめたものである。コロナ対策として飲食店に一律に出された営業時間規制、アルコール提供の禁止などによって苦しむ18店が紹介されている。いずれも著者が「人生をかけて選んだ」とんかつ屋、蕎麦屋、おでん屋、居酒屋、割烹などだ。

店の特徴より、「(銀座で) さんざん飲んだ後に、この店でかつ丼を食べるのが、かつての私のパターンだった」とあるように、著者の〝暴飲暴食〟ぶりのほうが気になる本だった。しかしまあ、それはともかく、《日本の政府の要人たちの多くが飲食店を文化だと思っていないことに驚いた。……公平に規制し、援助しているのだから、それでつぶれる店があるなら仕方がない……文化を守るという姿勢は全くなかった》(p129) という主張には、書名同様、大いに納得した。

▼『保守とは横丁の蕎麦屋を守ることである』

「日本の政府の要人」やその同調者たちは、飲食店だけではなく、文化じたいを守る気があるか疑問だ。付加価値の高い＝儲かる文化ならOKだろうが。

だから、次のような「保守」規定だったら、自分も「保守」だと言ってもいいと思う。

《私の言う保守は政治イデオロギーではない。政治というよりは文化、文化の中でもより生活に密着した、日常茶飯事に関する文化に対して鋭敏であるということだ。……／かつて福田恆存は、「保守とは、横丁の蕎麦屋を守ることだ」と看破した。／……そのために失われやすいものに対

して、鋭敏に、かつ能動的に活動する精神を、保守と言う。》（p128）

ただ、ここからが違う。

この人のいう「文化」は、すぐに「日本（ネーション）」や「日本人（ネーション）」に直結する。文化を些末な社会現象のまま扱わず、国家共同体に短絡させて議論しているように見える。

名店を衰退させてしまうのは、ネットで（つまり他人の判断で）話題の店ばかりに行く「国民の側にも問題がある」とする。江藤淳を引きながら、「戦後の日本人は、……いかに国から、社会から、うまく保護してもらい、安楽に暮らせるか、ただそれだけを考え」ていると批判する。そして、日本人は自らを統べる「治者」たれと自己責任論に落ち着く。

これは一種の啓蒙論ではないだろうか。国民に「目覚めよ」と語っている。これは、「保守」の人たちが嫌うリベラリストの「真の市民」たれという論理とか、マルクス主義の「プロレタリアート」論と変わらないのではないかと思うのだ。

『保守とは横丁の蕎麦屋を守ることである』書影

では、どうするのか。

もちろん大風呂敷を広げるつもりも力量もない。できるのは、地元の些末なあれこれに拘泥して、いろいろ想像を広げてみることだと思う。そしてシステムと生活世界がせめぎ合う現場を記述してみたい。ひょっとすると、システムにも共同体にも還元できない価値がみつかるかもしれない。以下はその試みである。

第2章　ここは東京なのか？

（1）多摩イメージと「格差」

　2024年9月の半ばに「都内基準地価」が発表され、新聞各紙に掲載された。基準地価とは都道府県が選んだ「基準地」の価格のことで、毎年この時期に公表されている。公が定める土地の値段は、このほかに国が定める「公示地価」や相続税のときに基準となる「路線価」がある。

　この地価は実際に取引される価格ではないけれど、公が土地の値段を決め、それを発表していることが興味深い。なにが興味深いかというと、あそこは「高級住宅地」といった漠然としたイメージが、土地の値段によって数値化されているからである。実際に取引される値段は違うだろうが、国や自治体が公認しているわけだから、外れた数字ではないだろう。あえて刺激的なことばを使えば、それぞれの土地の「格付け」と読むこともできる。

▼土地は「格付け」されている？

　素人なりに土地の「格付け」を読み解いてみたい。新聞に掲載されている「沿線別駅周辺住宅地の基準価格」という図を見ると、いかにも高そうな溜池山王は、図のなかでやはり一番高く、1平方メートルあたり5560（千円、以下同）。これに対し、われらが西武池袋線「保谷」は352である。これだと、あまりに差があってピンとこない。

同じ西武池袋線で比較してみよう。「池袋」があればわかりやすいが、住宅地でないためか載っておらず、練馬の「江古田」を見ると557である。これは多摩地区とさほどの差は感じられない。というか、西武池袋線は相対的に安い、つまり格があまり高くないということである。

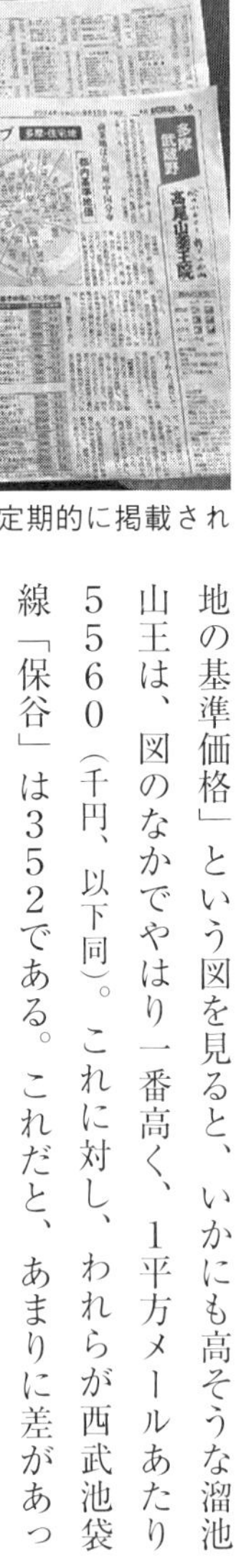
基準地価 東京
仙川が上昇率トップ
豊島区を「ミステリーの街」に
多摩 武蔵野

「都内基準地価」は新聞に定期的に掲載される

さきの図は、都心から同心円状にほぼ20kmというゾーンを設定していて、「保谷」はこのゾーンにある。同じゾーンを南下して各路線を比べてみる。西武新宿線「武蔵関」は444、JR中央線「武蔵境」は530、京王線「調布」は479となっている。京王線は中央線より安いが、西武線よりも高い。これは路線別のイメージを反映しているといえなくもない。

北多摩北部5市も挙げておこう。西武池袋線「東久留米」258、同「秋津」205、西武新宿線「小平」268となっていて、あまり違いは感じられない。

西武の創始者がライバル視していたという東急沿線はどうだろう。「保谷」と同じゾーンの数値がないので、「江古田」（５５７）とほぼ同距離の田園都市線「駒沢大学」をみることにする。ここは８２７、少し都心寄りの東横線「学芸大学」は１０１０で、西武池袋線とかなりの差がある。高級住宅地の代名詞である「田園調布」が６９５なのは意外に思えるが、単純に都心からの距離ゆえか、理由はわからない。

これらの数値は変動するから定期的に発表され、さまざまな経済活動の指標となっている。こうした土地のイメージ地図は多くの人が共有しているものと思われ、だれもがいつの間にか土地を「格付け」していることがあるかもしれない。

この比較作業は、なにかに似ていると思ったら、学校の偏差値比較だということに気づいた。なにやらさもしい気分になってきた。

小さい差異に自分のよりどころを見出し、優越感や劣等感を覚えたりするのは、品性が疑われる。あからさまに住んでいる土地や出身の学校に自分を同一化させてものを語る人はさすがに多くないだろうが、自分を含め、この「さもしさ」から自由になっている人はどれだけいるだろうか。暗黙の格付けは厳然として存在する。

▼「多摩格差」はいまもある？

このことと微妙に絡むのが、いわゆる「多摩格差」という問題だ。

２０２４年の都知事選挙でも、小池知事が前回の選挙の際に掲げた公約のなかに「多摩格差ゼロ」というものがあり、それを検証すべしという意見はなくはなかった。しかし、候補の乱立と政策とは別なところで当落が決まるとしかいいようのない選挙の現実のなかで、この課題が大きく議論されることはなかったと記憶している。

「多摩格差」はかつてもあったし、いまもある。ただ、ひじょうに曖昧模糊としている。かつて高度経済成長期、多摩地区は〝ベッドタウン〟として人口が急増したわけだが、それにインフラの整備が追い付かず、その面での格差が生じていたのははっきりしている。しかし、道路や上下水道の問題については、かなり格差は解消されたといっていいのではないか。

また、教育環境も同様だったといわれる。１９６０年代のはじめ、多摩の教育的な「遅れ」を嫌ったのだろう、筆者のまわりでも区立の小学校に越境通学する生徒が少なからずいた。「区」と「町」でどういう格差があったのかはわからないが、彼らはのちに元の町に戻された。しかし、もう少し都内中心部の区では、中学卒業まで越境が許された学校もあったという。

またそのころ、北多摩地区の北部には都立高校が圧倒的に不足していたそうだ。北多摩北部の5市でいうと、62年になってやっと小平高校と田無工業高校が開校されるという遅れぶりである。もっともこれは、多摩内部での格差といえるかもしれないが。

昨今、子育て支援が叫ばれ、物価の高騰が続くなかしばしば話題となる「学校給食の無償化」について、多摩地区は及び腰の市が多く、23区に遅れをとっていた。しかし、都の助成があり、やっとのこと２０２４年9月末までにさきの5市もすべて完全実施を発表した。

「やっと」という言葉を2回使っていることからも明らかなように、こういうところに格差はあるといえる。都の助成は、翌年あるかは不明で、また「多摩格差」が発生するかもしれない。

▼数値に還元できない土地イメージ

「格付け」マニアのような視点や実際問題の「格差」とは別の角度から、土地のイメージを考えてみよう。

土岐麻子という「シティポップ」の中堅歌手（竹内まりやほどメジャーではないという意味）がいる。彼女に「ＢＯＹフロム世田谷」という曲がある（２０１５年、作詞は土岐麻子）。もちろんタイトルは「イパネマの娘 The Girl From Ipanema」のパロディだが、ボサノヴァではなく、軽快なポップスになっている。「さよならＢＯＹ世田谷ＢＯＹ」とわかれをうたっているのだが、どこか切ないけれど軽やかで湿り気のないメロディー。

うろ覚えで恐縮だが、世田谷の魔界のような路地に迷い込んでしまった深夜タクシーを救出するというドラマがあった（たぶん98年の『上品ドライバー9　世田谷経堂迷路』）。それくらい世田谷には迷路のような路地が張り巡らされているのだろう。「一通だらけ」で「本音を迂回する」男の心と世田谷の路地が重ねられ、そこに迷い込み行きはぐれた二人、ということか。切ない内容なのにちょっとコミカルでもあり、洒落た感覚がある。このへんが「世田谷」だからということ以上にシティだと思う。

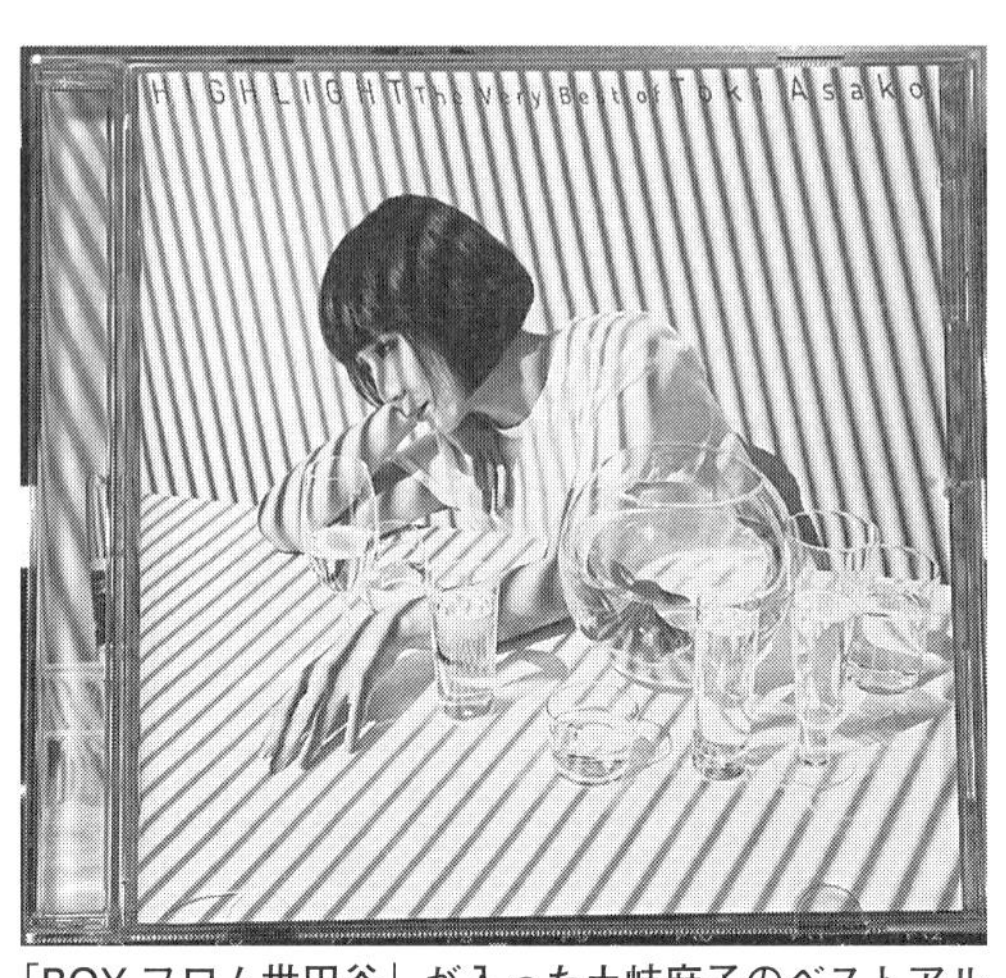

「BOY フロム世田谷」が入った土岐麻子のベストアルバム『HIGHLIGHT』

余談になるが、知人の葬儀に、世田谷の寺に東急の駅からバスに乗って行ったことがある。ひじょうに不便だった。後の酒席でそのことを世田谷在住の友人に言うと、彼は「世田谷の金持ちはバスや電車に乗らないから不便でいいんだよ」と言った。世田谷は魔界だと思った。

この歌の「世田谷」は固有のものだ。もっとも、東京の住宅地は世田谷に限らず、裏道に入るとどこも迷路だ。とくに多摩地区の路地はそれが顕著で、昔の農道にアスファルトを流し込んだような道ばかりといっても過言ではない。かつて世田谷の一部は北多摩に属していたことがある。迷路のような住宅地という点は似ていても、「BOYフロム北多摩」は成り立たないだろう。杉並でもダメだ。「高円寺」だと吉田拓郎の世界になってしまう（吉田は72年に「高円寺」という曲を出している）。

何がいいたいかというと、数値に還元できない土地のイメージはある、ということである。だから、住民の土地意識は複雑になる。そういうところから、「勝ち組」などといったものとは違う住まい方の価値観が生まれるといいと思っている。

（2）北多摩から東京の歴史を読む

時は江戸時代、多摩地区には小さな村々がたくさんあった。多くは旗本の領地だったようだ。明治維新によって政治システムが変わると、村々は品川県に属することになる。そして1871（明治4）年、廃藩置県にともなって品川県が廃止されると、多摩の村々は一時入間県の管轄となったが、翌年神奈川県に編入された。

▼三多摩は神奈川県だった

1878（明治11）年に「郡区町村編制法」が施行され、多摩郡は四分割された。北多摩郡はこのとき誕生したわけだが、北・南・西の三つの多摩郡は神奈川県に、東多摩郡（中野など）は東京府に属するようになった。この郡には郡役所も設置されていた（1926年に郡役所は廃止）ので、郡は名目だけの存在ではなかったということだろう。

東京府としては、江戸時代から東京の「水がめ」である三多摩が神奈川県に属しているのはおもしろくないわけで、東京に編入しようと画策していたようだ。しかし、これは神奈川県に反対されて、実現しなかった。

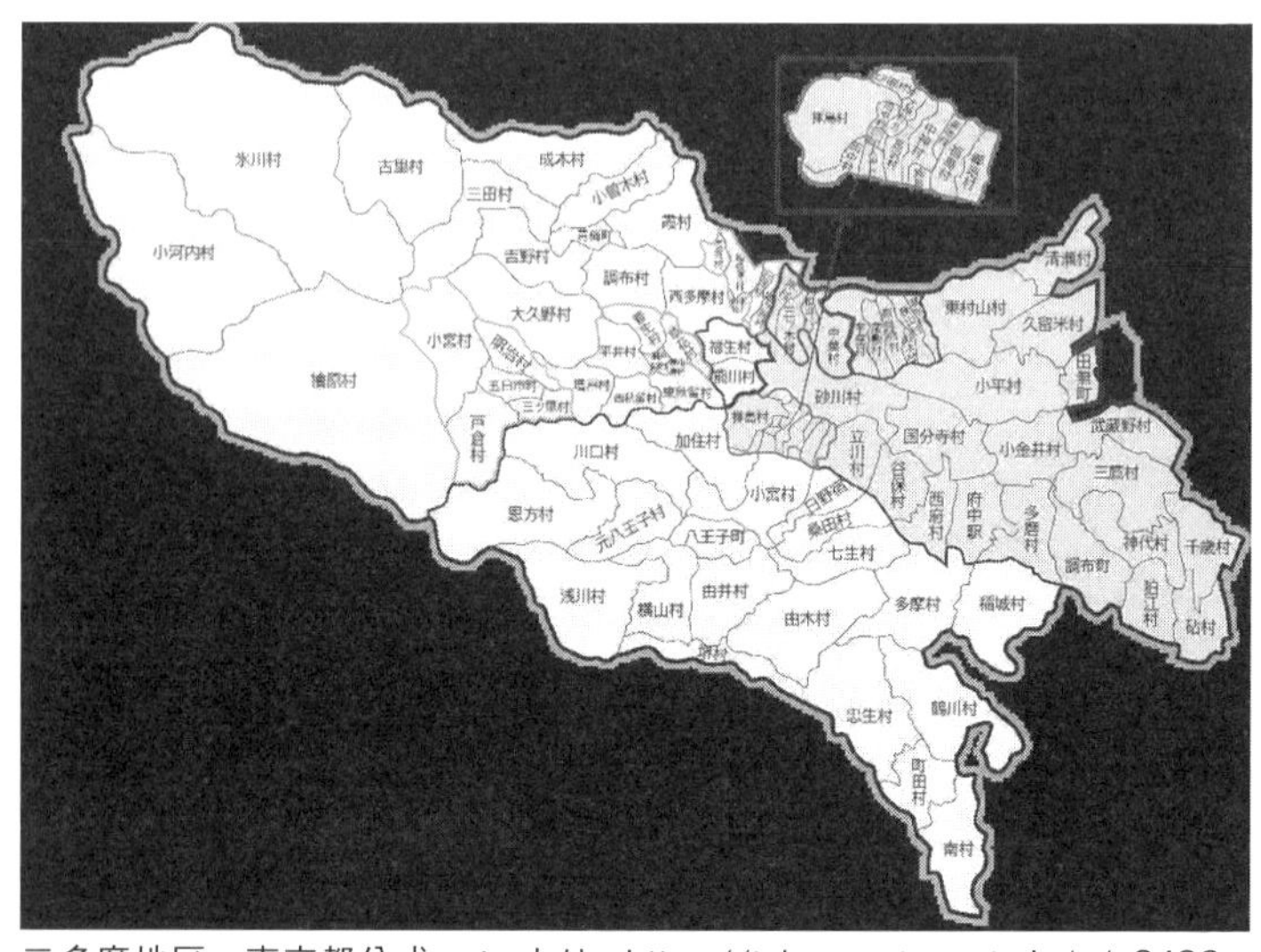

三多摩地区　東京都公式 note より　https://tokyo-metro.note.jp/n/n3483e-02be8e4
この地図をよく見ると、保谷は北多摩に入っていない。

局面が変わったのは1889（明治22）年、甲武鉄道（現在のJR中央線）が新宿から八王子まで開通したときだった。これをきっかけにして、1893（明治26）年、三多摩を東京府に編入する法律案が帝国議会に提出され、僅差で可決成立。同年4月1日、三多摩地区は東京府に編入されたのである。

こうした動きのなかで意外なのは、保谷村が神奈川県の北多摩郡に入っていないことだ。保谷村は神奈川県ではなく埼玉県に属し、北多摩が東京府に移管した後、1907（明治40）年に東京府北多摩郡に編入されている。なぜそうなったのか未詳なので、教えを乞いたい。

明治時代、北多摩郡に属していた地域はどこか、村の名前だとわかりにくいので、現在の名称を挙げてみよう。

武蔵野市、三鷹市、府中市、調布市、狛江市、小金井市、国分寺市、国立市、立川市、昭島市、西東京市、東久留米市、清瀬市、東村山市、小平市、東大和市、武蔵村山市となっていて、ここまでは現在も多摩地区なので違和感がない。ところが、世田谷区の一部、八幡山、船橋、砧、大蔵、砧公園といった現在私鉄の駅名になっている土地も北多摩郡に属している。世田谷の一部が北多摩だったというのは、このことを指している。

ちなみに、南多摩郡だったメンバーは、八王子市、日野市、町田市、稲城市、多摩市で、同様に、西多摩郡はあきる野市、青梅市、福生市、羽村市、瑞穂町、日の出町、奥多摩町、桧原村である。

▼関東大震災と昭和7年の市区改正

東京は、近代化とともに膨張を続けていく。20世紀になってからは急激に都市化が進み、都市は西側に伸びていった。東京〝西進〟の決定的な要因は、1923（大正12）年の関東大震災だろう。復興の過程で、繁華街の中心は西へ移動し、住宅地も西に広がっていった。

そして1932（昭和7）年の市区改正が大きなポイントとなる。いわゆる「大東京市」35区の誕生である。「市中」と「郊外」の境界は西に動き、現在の東京の原型がこのときできたといえる。世田谷区、杉並区、江戸川区、葛飾区、板橋区など、国木田独歩が『武蔵野』を書いた時代には「武蔵野」に分類されていた土地は区になった、有体にいえば田舎⇩都市になったということである。

当時の東京は「府」で、東京市35区と多摩3郡で構成されていた。つまり府と市の二重行政機構だったわけだが、その後、東京府・東京市は廃止され東京都となる。それは1943（昭和18）年、太平洋戦争のさなかのことだった。

戦争で東京の多くは焼け野原となった。東京の再建・再編は急務だった。1947（昭和22）年、東京都の区部が22区として発足、数カ月して板橋区から練馬区が独立して23区となった。この23区は現在も変わっていない。

戦争直後の北多摩については、この章の（3）であらためてふれる。

1950（昭和25）年の朝鮮戦争による特需を経て、日本社会は「もはや戦後ではなく」なった。東京がその変動の中心を担ったのはいうまでもない。

▼糞尿譚

戦後の過程を述べる前に、東京都市部vs郊外をめぐる印象深いエピソードを挙げておこう。

明治40年代のこと、東京市中にガスが普及した。このことにより都市部と郊外（多摩地区だけではなく）の関係が変わっていったようだ。江戸期には、郊外から燃料用の薪や野菜を都市部に届ける。都市部からは肥料用の糞尿を受け取って帰る。こういうリサイクルが成り立っていた。

ところが、ガスによって薪の需要が減るわけだから、薪を供給する雑木林をそのままにしておくことはできない。雑木林を畑にする動きが強まっていったという（川本三郎『郊外の文学誌』岩波現代文庫を参照した）。

このリサイクルの模様を映画にした作品がある。阪本順治監督の『せかいのきおく』（2023年）である。黒木華主演の作品だが、江戸末期、江戸の長屋（黒木が住んでいる）から千葉方面に「おわい」（糞尿）を運ぶ青年二人（寛一郎と池松壮亮）の生業が物語のベースになっている。だから、全編「おわい」が飛び散っている、というか、「おわい」が主人公のような作品である。ほとんど全編がモノクローム。とてもカラーでは見られたもんじゃないと思った。ストーリーより糞尿のほうが印象に残る映画だった。循環型社会はたぶん臭い。

『荻窪風土記』書影

昭和初期の荻窪を描いた井伏鱒二の『荻窪風土記』（新潮文庫）にも、《荻窪のケヤキの木の枯葉と人糞の堆肥は農家の守神のように役に立つが、中身の肥桶の重さは実際に運んだ人にしかわからない。》とある。このころ、杉並あたりも十分田舎ではある。

時代が下るが、戦争中と戦後も少なくとも1944年あたりまで、武蔵野鉄道（現在の西武池袋線）が糞尿を運び「オワイ電車」というありがたくない異名があったことは、知る人ぞ知ることだ。その貯蔵地が清瀬駅そばにあったことを最近知った（はなこタイムス「北多摩駅前物語」清瀬編 https://46854.net/hanako/?p=2222）。清瀬市がそれを公表しているのは評価に値すると思う。

都市は文字通り「臭い物」に蓋をして成り立っている。こういう歴史は水に流さないほうがいい。生活から糞尿を切り離すことはできないし、災害が起こると糞尿が噴出するからだ。

▼北多摩郡の消滅

北多摩の歴史に戻ろう。60年代後半、高度経済成長の流れにのって東京はさらに膨張を続け、姿を変えていった。それまで「都下」ともいわれ、「郡」に属していた23区以外の地域の「町」は次々に「市」となり、「郡」から離脱していった。

戦後の時点で北多摩郡は22の町・村で構成されていた。それが1962（昭和37）年には11の町になっている。つまり半減した。この年に小平町、64（昭和39）年に東村山町、国分寺町、67（昭和42）年は国立町、田無町、保谷町がそれぞれ市となり、北多摩郡に残るのは5つの町だけとなった。

そして1970（昭和45）年10月、狛江町が狛江市、大和町が東大和市、清瀬町が清瀬市、久留米町が東久留米市となって北多摩郡を離脱した。残ったのは村山町だったが、翌71年11月3日には村山町も市制施行・即日改称して武蔵村山市となり、北多摩郡を離脱した。

住んでおられる方には失礼な言い方になるが、この村山町は「東村山市」の村山ではない。北多摩郡には「東村山町」と「村山町」があったということだ。前述のように東村山町は一足先の64年に市制施行し、北多摩郡を離脱している。この結果、属する町がなくなった「北多摩郡」は、1878（明治11）年以来の歴史を閉じた。

南多摩郡も、八王子や町田が市となり、71年に消滅している。西多摩郡は現在も存在していて、瑞穂町、日の出町、奥多摩町、桧原村の3町1村である。

▼地域内の「競争」？

北多摩内の村⇩町⇩市の変遷についてふれておこう。

田無が町になったのは1889（明治22）年のことで、三鷹が1940（昭和15）年だったのと比べても北多摩地区のなかでとびぬけて早い。これは鉄道網が発達するまで交通の要衝だった田無のポジションをあらわしていると思われる。

これが市制開始となると、三鷹は前述のとおり50（昭和25）年、田無は67（昭和42）年で、順番は逆転し、圧倒的な差がついている。田無が町になった年に開業した中央線が田無を通らなかった影響は、こんなところにもあらわれているといえるだろう。

あらためて北多摩北部の自治体が**「町」になった順番**を挙げる。

田無（1889）⇩武蔵野（1928）⇩保谷、三鷹（40）⇩東村山（42）⇩小平（44）⇩清瀬（54）⇩久留米（56）

次は「市」になった順。

武蔵野（47）⇩三鷹（50）⇩小平（62）⇩東村山（64）⇩田無、保谷（67）⇩清瀬、東久留米（70）

田無、保谷の〝凋落〟がわかる。筆者が住む東久留米はここでもビリだ。

▼どこも「市」になりたがっていた

さて、北多摩が消滅したことで、何かが変わったのだろうか。当時の「郡」には「郡長」がいたわけでもなく、実質的には地理的な区分にすぎなかったから、行政的に市長が替わったときのような変化があったとは想像しにくい。では、市民レベルではどうか。

北多摩郡が消滅した70年、久留米町の小学6年生だった筆者は、その変化を経験しているはずだが、そもそも「郡」がなくなったことを意識したことはなかった。

とはいっても、町が市になったことで自分の住所を書く際、「北多摩郡」を省いていいことには気づいていたので、逆に「自分が住んでいるあたりは東京の田舎扱いだった」ことを少し自覚した気がする。

東久留米市の市制の開始は、ちょっとした騒ぎだった。学校で、祝賀行事があることを知らさ

東久留米市市制の式典の様子『光の交響詩』（東久留米市教育委員会、2000年、p182）

れ、紅白餅が配られたのではなかったか。「餅」は記憶違いもありうるが、「久留米町を久留米市にすると、九州と同じになってしまうから、東久留米市なんだ」という説明があったのは確かだ。

60年代、北多摩の町が次々に市となり郡を離脱していくなかで、久留米町は70年に日本一人口の多い「町」となっていた。言祝ぐべき「日本一」なのかはわからないが、この人口増もあって、久留米町は東久留米市になった。

その原動力は団地である。久留米町には59年にひばりが丘団地ができ（ただし、この団地は田無町、保谷町にまたがる）、62年には東久留米団地が、さらに68〜70年に滝山団地がつくられた。この３つの大型団地による人口増のおかげで、久留米町は市になることができた。

このことを調べていて面白いエピソードを見つけた（『保谷市史』）。54年頃、久留米村、田無町、保谷町が合併して「市」になるという構想があったようなのである。この構想に対して、保谷側から、久留米と一緒になっても規模的にあまりメリットはないから、田無、小金井、そして当時

1969年、完成した頃の滝山団地、遠方に久留米西団地が見える。団地は東久留米市誕生に寄与した。『光の交響詩』(東久留米市教育委員会、2000年、p72)

市になっていた武蔵野と一緒になってより大きい市になるのはどうか、という意見が出たようだ。しかし調整はつかず、合併話は流れた。結局、どの自治体もわが道を行って、単独で市になったというわけだ。

　この合併話のベースは、53年の「町村合併促進法」にある。「平成の大合併」のようなことがこの時代にも進められていたことになる。そしてその淵源はＧＨＱの「シャウプ勧告」にあるようだから、「アメリカの影」がちらついているともいえる。

　ただ、保谷と田無の合併話は明治期からあり、まとまりそうでまとまらない、いわくつきの話だったようだ。紆余曲折の末、２００１年、１００年越しの構想が実現し、西東京市が誕生した。

参照文献
国立公文書館のサイト「変貌―江戸から帝都そして首都へ」
https://www.archives.go.jp/exhibition/digital/henbou/contents/35.html
『東京都の歴史』児玉幸多・杉山博著　山川出版社　1969年
『田無市史』第三巻通史編
『保谷市史　通史編　3　近現代』
各自治体の公式ホームページ
『北多摩戦後クロニクル』収載の拙文を一部流用した

（3）北多摩がまだ「戦後」だったころのこと

太平洋戦争直後の北多摩について、すこし気になることがある。それをあらためてとりあげてみたい。

▼「農地解放」の逆説

この地域を舞台にした三浦朱門の『武蔵野インディアン』という小説には、いわゆる「農地解放」の影響が記述されている箇所がある。主人公が久しぶりに地元で幼馴染と会い、かつての「ご近所さん」の消息を聞いているシーンで、主人公の質問に対しての言葉。

《「それが農地解放で、（土地が）あの人の物になったもんで、今じゃ、あんたが子守していたマサちゃんなんか大金持ちよ」》（「先祖代々」p63）

「農地解放（改革）」というのは、第二次大戦直後のGHQ主導による2次にわたる土地政策で、戦前までの「地主―小作」という関係を解体した。政府が不在地主の土地を安く買い上げて小作農に売り、彼らを自作農にするという政策だった。

この占領政策によって、それまで土地を持たず地主に隷属するしかなかった小作農は、その束縛から解放されたという側面はたしかにあったと思われる。ただ、当時は日本社会の根幹にあった農業の促進を意図したはずの政策が、思ってもいない方向に結果するとは、当事者のGHQも、日本政府も、農民も、思ってもいなかったはずだ。

その後、朝鮮戦争特需を経て、〝軽武装・経済優先〟を選んだ日本社会は高度経済成長を遂げ、都市化が猛烈な勢いで進んだ。この波にのって東京郊外の地価は上昇し、その結果、戦後に自作農になった人は図らずも〝土地長者〟になった。それが「大金持ちになったマサちゃん」である。〝社会主義的〟といってもいい農地解放が〝土地長者〟を生んだという歴史の皮肉、これを誰かの文章で読んだ記憶があるのだが、いまだに思い出せない。ただ、感覚的に「なるほど」と思ったし、小説にも出てくるので、記憶違いではなさそうだ。

▼松本清張的殺人事件

その気になってみていたら、ほかにもこの手の小説は見つかった（きっとほかにもあるに違いないが、ここでは深追いせず）。戦後の闇を描いた作家といえば松本清張だが、彼も武蔵野ネイティヴたちの土地とイエの継承をめぐる戦後の事情に、殺人事件に絡めた短編を書いている。それは「新開地の事件」（1969年発表）というなんとも飾り気のないタイトルの作品で、『中央線小説傑作選』（中公文庫）に収録されている。

「事件」が起こる背景として、武蔵野の変容はこのように描かれる。

《ここ十年ばかりで東京の近郊も変った。勤め人の可愛い家がふえ、私設のアパートが大小となく建ち、公営の白亜の団地が出現した。…農家は土地を売った金で、古い茸のようなワラぶきの家を、総檜造りの広壮な建築にかえた。》（ｐ250）

そして、ネイティヴの農家と新住民の関係は――。

《そうしたなかで、こぢんまりと改築した質素な旧地主も何軒かはあった。…そうした家はまだ「農家」だったのだ。ほうぼうに持った農地をいっぺんに売ることなく、地価の値上がりを見越して、徐々に分譲しているのだった。…住民たちは「百姓」の貪欲を非難した。》（ｐ252）

こうした農家の一家が「事件」の主人公となる。舞台の「新開地」というのは「N新田」となっているが、はっきりわからない。一家の主人である「直治」は《戦後の農地改革のときでも…うまく立ち回った。小作農の土地はむろん自分の手に帰した》（ｐ257）とあるように、少々商才がある人物。「農地改革」は土地ころがしの手段になっているのがわかる。

この夫に対する妻のヒサは実直な農婦。ここに、この家に間借りする九州出身で「不恰好な顔」の青年が絡む……。時代の流れに飲み込まれる人びと、その人間関係の綾が「悲劇」を生むという、清張得意の社会派ドラマが展開される。
同文庫の解説によると、清張は荻窪や練馬区関町、上石神井にも住んでいたことがあったようだ。この作品に出てくる「銀丁堂」という洋菓子店は、西荻駅前の「こけし屋」を思わせるなど、清張は武蔵野に土地勘があるようにみえる。

結局、占領下の土地政策は、教科書的にいうと「封建的な土地制度」を解体したことになる。ところが、その後の都市化の凄まじい波に飲み込まれ、地価の急騰という副作用のほうが大きくなった。そして「都市の中の農地」という、だれも想定しておらず、だれも明確な解を出せない問題を残している、といえないだろうか。

『ゼロの焦点』（新潮文庫）

▼武蔵野の米軍基地

占領という話題でいうと、武蔵野は基地のまちであることを忘れてはならないだろう。松本清張の代表作の一つ『ゼロの焦点』も武蔵野の基地が大きな意味を持つ。殺人事件は能登半島が舞台になっているが、やがて事件の淵源には占領下の立川に「米軍基地」があり、米軍相手の「パンパン」

が関係していることが明らかになっていく。「だれにも触れられたくない過去」は、人をして黒い衝動に走らしめることがある、というのも清張的な主題だ。

立川基地の米軍機

　敗戦直後から米軍が接収していた立川基地は、70年代に日本に返還されたが、近くにある米軍の横田基地は、最近そのプレゼンスを増している。危険性が指摘されているオスプレイが配備されているということもさることながら、妙な人がここを使うからだ。

　２０１７年、トランプアメリカ大統領（当時）が最初に訪日した際、彼はちゃんとした日本の〝玄関〟である羽田や成田（なぜかこちらはあまり利用されないが）を利用せず、〝通用門〟というか〝自分の領土〟である横田に降りた。これは独立国を正式に訪問する態度ではない、あまりに失礼ではないか、という見解があった。ナショナリストでなくともそう思う。

傲岸な人物がやりそうなことだと思っていたら、２０２２年5月、バイデン米国大統領（当時）が来日した際も横田を使っていた。結局、だれがやっても属国扱いなのである。

第3章　団地は希望なのか？

（1）ドラマ『団地のふたり』の衝撃という言葉が似合わない衝撃

2024年9月、NHKのBSを見るともなく見ていると、小泉今日子と小林聡美が主人公のドラマ『団地のふたり』が始まるという予告があった。その予告編の映像は、うわぁ、キョンキョン老けたな、という印象はともかく、小泉でいうと映画『グーグーだって猫である』、小林では映画『かもめ食堂』を想起させるゆるい感じのものだった。これはもちろん個人的な感想で、なんの根拠もないが、この感じは見なくては、と思った。

そういうドラマファンは多いのか、少ないのか、BSの日曜夜10時からというのは微妙な感じがある。でもキャストは、ふたりのほかに橋爪功、丘みつ子、杉本哲太、由紀さおり、名取裕子……と著名どころが揃っている。

▼滝山団地のふたり

ドラマが始まってすぐ、小泉が電車を降り（西武新宿線ではないように見えた）、駅前のバス停を歩いているシーンを見て、思わず〝えっ〟と声を上げてしまった。「花小金井駅南口」とあるではないか。すると「団地」というのはどこだ、ということになる。なかなか来ないバスに業を煮やして小泉が歩き始めると、バスが追い抜いていく。その行先は「東久留米駅」だった。これは滝山団地（東久留米市）が舞台に違いないと思った（ただし、実際は花小金井駅南口から東久留米駅行きのバスは出ていない）。ドラマや映画で知った土地が舞台だったりすると、妙に親近感をもってしまうことがあるが、いきなりである。

もっとも、ドラマの中では「夕日野団地」となっているし、公式ＨＰなどを見ても「滝山団地が舞台です」とはどこにも示されてはいない。しかし、ネットを見るとモデルかつロケ地は滝山団地だということはたくさん出てくるし、録画したものをよく見ると、あ、ここね、というところもあった。なのでここでは、「滝山団地のふたり」ということで話をすすめる。

このドラマには原作がある。芥川賞作家の藤野千夜作『団地のふたり』（２０２２年Ｕ－ＮＥＸＴ、24年双葉文庫）である（続編が２０２４年10月に出た、後述）。

原作とドラマで、団地の設定は少し変わっている。原作では昭和30年代半ばに建った築60年以上になっているが、ドラマは築58年。滝山団地は昭和40年代（１９６８年）なので、ドラマに近い。原作は私鉄の駅からすぐだが、ドラマは前述のとおり私鉄駅まではバスがレギュラー仕様。団地の〝くたびれ方〟の印象はどちらも同じ。商店街にある馴染みの昭和風の喫茶店で主人公たちが「モーニング」を食べるシーンが両者にもあるが、昔の時間が流れている街に特徴的なスポット

滝山団地内の公園

だということができる。

主人公の設定は基本的に同じ。50代のふたりは同い年（ドラマは55歳）、同じ団地で育ち、保育園、小学校、中学校も一緒、一番の仲良しだった。小説で語り手となるのは、最近仕事の依頼が少なくなっているイラストレーターの奈津子。こちらは小林聡美が演じる。もうひとりの野枝は、小泉今日子が担当。大学の非常勤講師をしていて、通勤に往復4時間かかると愚痴っている。

ふたりとも現在独身。結婚などで一度は団地を出たが、いろいろあって実家のある団地に舞い戻ってきた。再会した大親友のふたりは、つつましくも、どこか愉快な暮らしを続けている。

この設定、どこかで見たなと思っていたところ、思い出した。バブル時代のドラマ

『抱きしめたい』（88年）だ。主人公のふたり、浅野温子と浅野ゆう子は、幼稚園から一緒だというセリフを毎回のように繰り返していた。考えようによっては、80年代〝トレンディ〟だったふたりが、30数年を経て団地に〝戻って〟きたといえるかもしれない。いまのトレンドは団地？

▼秀逸なディテール

『団地のふたり』は団地抜きには成り立たない。エピソードは取り換え可能だが、団地は外せない。それでもふたりのなんでもない生活のあれこれが、見ていて面白い。生活を描く場合、「力強くしたたかに生きる庶民」というステレオタイプな表現があるけれど、そういうのとは違って、力がはいっていないようにみえるのがいい。

それと大事なのは細部だろう。食べ物は素材も食べ方も具体的でなくてはいけない。ネットオークションで売る品物（ある意味ガラクタ）も同様。野枝（キョンキョン）の兄貴が若かりし頃、ツッパリ頭で「フォークさん」をやっていて、80年代の弾き語りギター譜をしこたま買い込み、押し入れの段ボールに秘蔵していた。これをふたりが売り払うというエピソードがあった。

ドラマで出てきた楽譜は「さだまさし」「アリス」「オフコース」で、現物が写っていた。これがそれぞれ2999円で売れるのだが、このニューミュージックの代表選手たちは原作には出てこない。もう少しマニアックに「ブレッド＆バター」が3699円で落札されたことになっている。思うにこれは「ブレバタ」の現物が入手できなかったか、テレビ的には「ブレバタ」じゃわからん、ということになったのではなかろうか。……この文章でも細部にこだわってみた。

▼団地のドキュメンタリー

さて、ドラマの舞台である大々的に建て替えられていない団地は、失礼なもののいい方だが、どことなくリタイア感が漂っている（他人に言われたくないとは思うが）。

高い年齢の住人が目立ち、どの棟にも空き部屋が少なくなく、商店街はシャッター街になりつつある。こう書くと、「さびれた」という形容をしたくなるが、じつはそれもステレオタイプなのだ。単純に「さびれた」とはいえない、人びとのいろいろな事情が絡み合い、もっと複雑な動きがどのまちにもある。

『団地のふたり』が始まるちょっと前、NHKの番組『ドキュメント72時間』が、千葉県の「花見川団地」を取り上げていた。これは『団地のふたり』の解説番組じゃないのと思えるくらい、ふたつの番組は共振していた。

花見川団地は68年に入居開始なので、滝山団地と〝同い年〟。京成本線「八千代台」駅からバス15分程度という条件も滝山と似ている。外装のカラーリングを変えたりしているせいか、滝山より少し手が入っているように見えた。

ホームページをのぞくと、家賃相場は3・6〜6・5万円／月程度と出ていた。これは番組のなかで、安い家賃なのでセカンドハウスとしてここを借りているという高齢男性の発言と対応する。

滝山も同程度だろうと想像がつく。

そしてその生活。子どもたちは元気で植え込みのなかに自分たちの〝秘密基地〟をつくっている。夫婦別々に、2つの住まいを借りている高齢者がいる。おばちゃんたちは、やっぱりおしゃべりが好きだ。八百屋や総菜店もたんたんと商売を続けている。歩いて買い物するのがきつい人のために、ボランティアで自転車による送迎をする人もいる。ステレオタイプのイメージではとらえきれない、そして統計的な数字には還元できない、それぞれの暮らしがある。

『団地のふたり』の文庫（双葉社）

『72時間』の最後に登場したひとり暮らしの女性（30歳代）が、部屋から見える団地の夜景をみながら、ここに住んでいると「ひとりの部屋だけど、みんながいる感じ」と言っていた。団地の可能性をひらく新しい共同性の胎動かもしれない、と思った。

（2）団地の描かれ方

▼団地映画のシリーズ

（1）の文章をｗｅｂ媒体にアップしたところ、驚くほどのアクセスがあった。人気ドラマ（女優）の影響力の大きさを思い知った。

その反響として印象深い団地映画を教えてくださった方もいる。

まず『喜劇　駅前団地』。61年の東宝作品で、井伏鱒二原作『駅前旅館』（58年）に続く「駅前シリーズ」の2作目（久松静児監督）。東宝のシリーズには他に「社長シリーズ」「若大将シリーズ」などがあり、映画の黄金期を担った。「駅前シリーズ」は24作も作られている。高度経済成長期、「駅前」は訴求力のあるキーワードだったのだろうか。

『喜劇　駅前団地』は小田急線の百合丘団地が舞台。ＤＶＤのパッケージを見ると、フランキー堺が土地ブローカー、森繁久彌が地元の開業医、伴淳三郎が地主を演じ、森繁と伴淳がフランキーのネクタイを締めあげている写真が載っている。北多摩のひばりが丘団地を当時の皇太子夫妻が訪れたのは60年。その後東京郊外では次々に団地開発が進んでいく。開発をめぐるドタバタ劇が映画になるのはうなずける。

シリーズでいうと、日活ロマンポルノには「団地妻シリーズ」がある。なにしろロマンポルノ第一作が『団地妻　昼下がりの情事』（71年、西村昭五郎監督）であり、その後「ロマンポルノの女王」と呼ばれた白川和子が主演しているのだから、重要なシリーズであることに間違いない。「団地妻」は次々に作られ、「新・団地妻シリーズ」も作られている。夫不在の昼下がりの団地で主婦が何を……という性的妄想は、当時の社会風俗を反映しているに違いなく、凡庸だが強い吸

「喜劇 駅前団地　<東宝 DVD 名作セレクション>」
DVD 発売中
2,750 円（税抜価格 2,500 円）
発売・販売元：東宝
©1961 TOHO CO., LTD.

時代のキーワードだったということができる。「団地妻」は映画だけでなく引力をもった。

『団地のふたり』でもときどき出てきたバスの停留所

▼くたびれてきた団地

そこからかなりの時が流れた。「バブル経済」やら「グローバル化」やら「失われた30年」やらがあって、団地が住まい方の中心だった時代ではなくなった。2016年、是枝裕和監督『海よりもなお深く』では、清瀬の旭が丘団地が印象的に使われていた。団地の古びた感は『団地のふたり』と地続きといえる。ここでは「情事」は起こりようがない。色恋沙汰のもっと向こう側にある生活がリアリティをもつ。

主人公は阿部寛、さえない作家で、離婚した元妻の真木よう子に未練たらたら、月1回元妻と暮らす息子に会うのを楽しみにしている。そして、団地で悠々と一人で暮らしている母・樹木希林をなにかと頼りにする（阿部─樹木の親子は、2008年の是枝作品『歩いても　歩いても』でも登場する）。

ある日、主人公は母を団地に訪ねたところ、そこで元妻と息子にたまたまでくわす。その日は台風が来てしまい、翌朝まで帰れなくなった家族は……という展開だ。是枝監督が一貫して追求している家族のあり方を問う作品になっている。ちなみに是枝監督は、清瀬の旭が丘団地に、長い間暮らしたことがあるらしい。

この映画に小林聡美が主人公の姉として、橋爪功が団地の住人として出演しているのは、『団地のふたり』からの流れとしては出来すぎだろうか。

冒頭に戻ると、筆者に寄せられた反応に、団地生活が長かった友人からのものがあった。それは、「橋爪功のようなお人好しは、実際はいない。しかし、ベンガルのような意地悪でうるさくて迷惑なクレーマーはたくさんいる」とのことだった。

そりゃそうかもしれないが、それじゃドラマにならんだろ、というのが筆者の考えだ。

▼小林─小泉ドラマの『スイカ』

団地関連の映画はもっともっとたくさんあるだろうが、それを要領よく紹介する力量がないので、あと何本かドラマを紹介する。

ひとつは、滝山団地をロケ地として使ったドラマ『日曜の夜くらいは』（テレビ朝日系）で、

この公園にも「ふたり」はいたことがあった

2023年の作品。岡田惠和の脚本で、清野菜名と岸井ゆきのという人気若手女優が出ていた。滝山団地はやはりトレンディなのだろうか。

団地とは関係ないが、2024秋にスタートしたドラマでも、北多摩地域と関係のありそうなものがあった。岡田将生・中井貴一主演の『ザ・トラベルナース』（テレビ朝日系）がそれで、ナースである主人公が働く病院が「西東京総合病院」となっている。西東京市にあるのは「西東京中央総合病院」で、ちょっと違う。ドラマには通称「田無タワー」や西武バスがちらり出てきたりするが、ロケ地は北多摩周辺ではないようだ。保谷と田無が合併（2001年）してできた「西東京」も、20年以上を経て、ドラマに使われるような独特なイメージをもつにいたった、といえるかもしれない。

そしてもう一本、小泉今日子と小林聡美が共演していた名作として強く推薦してくれた人が複数人いた『すいか』(日本テレビ系、2003年)を紹介する。西東京市ができた頃の作品だ。

主人公は小林で、30歳代なかば、独身で地味な信用金庫職員、当初実家で生活している。小泉は小林の数少ない同僚で友達なのだが、ある夏の日、金庫の預金を3億円横領して世間からズラかる、というところからドラマは始まる。

ところが、この横領事件がメインとなってドラマが展開するのではない。小泉は友情出演で、最終回を除いて毎回元気に逃走中の姿をちょっとだけあらわす程度。メインは、ひょんなことから小林が下宿することになる賄付き、エアコンなし(驚くことに夏なのに当時この設定が成り立っていた、つまり20年前は東京もそれくらいの暑さだった!)ハピネス三茶の住民たちのコメディタッチの群像劇なのだ。

ハピネス三茶は、三軒茶屋の近くを流れる小川と畑に囲まれた郊外みたいな立地。近くを世田谷線が走る(ロケ地は三茶ではないらしい)。素っ頓狂な若い大家・市川実日子、長く住みついている変わり者で喧嘩っ早い大学教授・浅丘ルリ子、あまり売れていないエロマンガ家・ともさかりえ(じつは世田谷の大金持ちの娘)、そして新入りの小林という4人の住人に、子離れできない主人公の母親・白石加代子や近所のオヤジ・高橋克実らが絡む。彼らが織りなすひと夏のエピソードでドラマは構成されている。

回が進むにつれて、こういう関係の距離感はいいな、ずっと続くといいのに、と思わせるようになっていく。でも、そういう共同性は儚い。ドラマというフィクションのなかでしか成り立たないのかもしれない。かろうじていいバランスがとれている期間が、「すいか」の季節＝ドラマ10回分ということなのだろう。

最終回、逃亡中の横領犯・小泉と主人公・小林は再会する。小泉が主人公の事件ものなら、桐野夏生の小説にでてくるような賢くて強い女性主人公を演じたに違いないと夢想してしまった。なにしろ捕まらないのだから。

そして、小泉―小林の会話は、いま見ると『団地のふたり』のまんまだった。ふたりの関係はリアルなのかフィクションなのか、虚実皮膜みたいなところがある。それが20年以上（それ以上？）続いているのがすごい。

(3) ヴィム・ヴェンダースと竹内まりやを重ねると

『団地のふたり』が、2024年11月3日で最終回(10回目)を迎えた。原作も続編にあたる『また 団地のふたり』(藤野千夜、U-NEXT)も刊行された。NHKはクレジットしていないが、明らかにロケ地は東久留米市の滝山団地である。そしておそらくこのドラマはかなり人気があった。〝団ふた〟ロス(と呼ばれているかわからないが)をちょっとだけ埋めるかもしれない一文を草してみた。

▼予想がはずれた

最終回の1回前と最終回の予告を見て、これは小林聡美と小泉今日子登場する約20年前のドラマ『すいか』パターンだと早合点した。『すいか』もまた日常性を描いたドラマで、小さな下宿に住まう人びとの〝いい話〟で構成されていた。

しかし、幸せの時間は長続きしないというのは世の常。「この関係がこのまま続けばいいのに」と当事者もドラマの観客も思っていても、それはかなわない。これは、ひとつのドラマ作法だと思う。『すいか』はその線だった。

『団地のふたり』も、さびしいけれど、別れたくないのにお別れ、涙涙の最終回かと思いきや、最終回の冒頭でいきなり「ちゃぶ台返し」された（筆者がだまされやすいのかもしれないが）。

舞台となっている「夕日野団地」は、駅から遠い郊外の立地で、知名度もなく、建て替えても新しい住民が入りそうにない、という理由で開発業者が撤退し、建て替え話はご破算になった。なので、団地のみんなは出ていく必要がなくなったのである。

時は2025年、つまり来年＝未来のことになるが、みんなバラバラになるどころか、一度団地を出ていった佐久間のおばちゃん（由紀さおり）や福田さん（名取裕子）も出戻ってきた。おまけに、主人公が仲良くする団地在住の女子小学生がSNSで配信する動画がバズりはじめる。近所の昭和的な喫茶店には行列ができ、「動画を見ているとほっこりする」、「癒しの団地」だとか、「この団地に住みたい」というコメントが寄せられ、団地はある種の憧れの場所になっていた。

つまり、動画への評価がこのドラマの評価にもなっている。団地はみんなが帰ってこられるふるさとであり、スイートホームであり、ちょっとした理想郷であることをあからさまに言わない、なかなか味のある描かれ方になっていた。これは、『団地のふたり』にふさわしい最終回だったといえるだろう。

出てくる人はみんないい人、クレマーで嫌なオヤジでさえ根はいい人だった、なんていうのはきれいごとだし、ドラマのなかでしか成り立たないことは、見る側はわかっている。にもかかわらず、そういう虚構を求める社会的な無意識のようなものが広がりつつあるのだろうか。

このドラマでは、古臭さが一巡してレトロで安心できる「良さ」に変わっていた。団地そのものがそうだし、家族をはじめ人間関係はギスギスしない〝ご近所〟が成り立っているようにみえた。異邦人を意図的に組み込んだのは、今日的な演出だろう（これから排外主義が進む世界になっていくかもしれないのでこれは大切）。

ただこういう理屈は、かえってドラマをつまらなくするかもしれない。

そういうことより、夕陽がきれいだったり、ホットケーキが美味しかったりすることを日常の小さなシアワセと感じさせるドラマが、うまい具合に成立していたということだ。

どこかとぼけた味わいのテーマ曲や劇伴の音楽も効果的だった。昭和歌謡づくしのふたり紅白歌合戦は、どういう年齢層を狙ったドラマなのかを如実にあらわしていた。最後にふたりで歌う「蛍の光」は、これまた「入れ子」構造になっていて（紅白ごっこの終わりとドラマの終わり）、「ああ、終わってしまうんだ」としみじみ感じさせてくれたのだった。

でも、団地はいつか建て替えなくてはならないはずだ。

▼ヴィム・ヴェンダース『パーフェクト・デイズ』

こうした日常を描いただけなのに、ドラマを感じさせてくれた最近の印象的な作品に、ヴィム・ヴェンダース監督、役所広司主演の『パーフェクト・デイズ』がある。2023年の公開、同年のカンヌ国際映画祭で、役所が男優賞を受賞したことで話題になった。

『ベルリン天使の詩』のパンフレット

ヴェンダースといえば『ベルリン天使の詩』（87年、カンヌ国際映画祭最優秀監督賞）である。公開当時「ニューアカ」ブームなどがあって、知的にもバブルだった日本の状況では、これを知らないとは口にできないような作品だった。『ベルリン…』も、いわゆるストーリー展開重視の作品ではない。ヴェンダースは小津安二郎を敬愛していると聞いていたから、『パーフェクト・デイズ』は知的なのはわかるが、眠くなると困るなと危惧していた。

だが、それは杞憂だった。役所広司演ずる主人公が、毎朝きちんきちんと起き、軽自動車に乗ってルー・リードほか古いロックのカセットテープを聴きながら、渋谷の公衆トイレ（さすがにデザイン化されたキレイなトイレ）を回って丁寧に掃除する。昼休みには神社に行って弁当を食べ、頭上の樹木を撮影し、銭湯に行き、浅草の安食堂（NHKのドキュメント72時間に登場したことのある店）で夕食を食べ、石川さゆり演ずる女将がいる店でときどき一杯やり、帰ってからは古本屋で仕入れた小説の文庫本を読んで寝る。このルーティンがじつにいいのである。

映像が詩的なのは大きい。挟み込まれる古い音楽も効いている。映画タイトルの『パーフェクト・デイズ』はルー・リードの「パーフェクト・デイ」に由来すると思われる(Days と Day の違いに注目を)。ここに役所の力量が加わって、日常の描写がこころにしみるドラマになりうることが示されている。『団地のふたり』もそうだが、日常を描く作品には、役者の力量がどうしても必要だ。

『団地のふたり』は、時代からちょっとはずれているがゆえに、ゆるくも温かい人間関係や地域の共同性への漠然とした憧れを背景にして、日常性をドラマ化させた。

一方、『パーフェクト・デイズ』は、人間は生きているだけで価値がある、いやむしろ、生まれて、生きて、死ぬ過程こそ価値の源泉であることを示している気がする。つまり、名士になろうがホームレスになろうが、どんな生き方をしようともひとの価値は同じである。

そうではない、と考えるのが世間というものだ。だから職業をはじめとしたさまざまなことについての蔑視、差別がなくならない。蔑視とはいわないまでも、『パーフェクト・デイズ』の主人公とその妹(麻生祐未)の価値観は違う。

これに対抗するには、蔑視を成り立たせている価値観より広く長いスパンの視線を手に入れることだろう。そうすることによって自分が生きていることに矜持をもち、自分の価値観を貫くしかない。

しかし、それは思ったように運ばない。だから、それがドラマになる。生まれて〜死ぬというすべての生きものが共有する過程が価値であるとして、それを目標として生きようとしても、それはかなわない。というのも、人間は自然の束縛から自由になろうとする存在、人間はそうした自然過程から必ずズレてしまう存在だからだ。

ここに万人の価値は同じであると同時に、各人の生の意味も価値も違うことが同居する構造がある。それが人（の）生である。

▼竹内まりやの『プレシャス・デイズ』

この『パーフェクト・デイズ』を、きっと意識しているに違いないと思った作品がある。2024年10月に発売された竹内まりやの新作アルバム『プレシャス・デイズ』である。「デイズDays」が同じだけじゃないかというなかれ。この方、今回のアルバムを売るために、かなりのプロモーション活動をしていて、めったに出ないテレビにも2回出ていた。その際、「日常を大切にしたいがゆえにPrecious Day大事な日ではなくPrecious Days大事な日々にした」というようなコメントをしていた。

これはまったくの私見だが、このDaysは間違いなくつながっていると思う。

竹内の楽曲世界は、『VARIETY』というアルバムもあるくらいバラエティに富んでいる。

多数の不倫ソングがあり、都市を生きる女性の虚無感を描いた「プラスティック・ラヴ」など世界にシティポップ・ブームを起こすきっかけになった楽曲も印象深いが、日常の一瞬のきらめきを大切にしようとする一連の作品がある。ずばり「毎日がスペシャル」という曲もあるし、「どんなちいさなことも覚えていたい」とうたったりしている（「人生の扉」）。

彼女の恋の歌が、短編小説の一シーンのようなフィクションであるのと同じように、日常のきらめきもフィクションであるかもしれない。なにしろ、ふたりの男に〝私のために争わないで〟と語る「けんかをやめて」を、本人がテレビで〝何様ソング〟と呼んでいたくらいだから、それも絵空事と言いかねない。

竹内まりや『プレシャス・デイズ』の CD

にもかかわらず、竹内の楽曲だったり、『パーフェクト・デイズ』や『団地のふたり』が描く日常は、虚構なのはわかっちゃいるけど Precious だ（愛おしい）と思う。

最後になったが、『団地のふたり』の原作小説の続編、藤野千夜『また団地のふたり』について。本作をいま読むと、たとえていうと、味付けの濃いものを食べた後に、薄味の料理を出された感じになってしまうかもしれない。あまりにドラマの小泉今日子と小林聡美のキャラが強すぎて、「なっちゃん」と「ノエチ」が自立してくれないのである。

ドラマとはまったく違うエピソードがつづられているのでもったいない。もう少し時間が経ってから読んだほうがいいと思う。

（4）旧い団地は希望か？

ドラマ『団地のふたり』の「どんでん返し」について先にふれた。それは、いったん決まったかに見えた団地の建て替えが、業者に逃げられて中止になったということだった。それについてノエチ（小泉今日子）の夢というなんともベタな演出だが、それでも書いておきたいシーンがあった。

▼建て替え反対？

団地では、建て替え反対ということで、集会所のようなところをバリケードで封鎖している。バリケード前の立看板は、芸が細かくちゃんとそれらしい書体で描かれている。おかあさん（丘みつ子）が爆弾のようなものをバリケード内から投げると爆発。煙のなかからセーラー服を着たキョンキョンが機関銃を乱射しながら登場。撃ち終わると「か・い・か・ん」というセリフで締める。

もちろん映画『セーラー服と機関銃』の薬師丸ひろ子のパロディだが、わかっちゃいるけど笑ってしまった。こういうところが、このドラマの憎いところだ。

ドラマはともかく、実際のところ、建て替え問題はどうなんだろうという疑問が残った。というのも、滝山団地は建て替えられていないように見えるからだ。

近くにあるひばりが丘団地は全面的に建て替えられ、現在は「ひばりが丘パークヒルズ」に、東久留米団地も同様で「グリーンヒルズ東久留米」となっている。滝山団地は、ひばりが丘団地からほぼ10年後、68年の入居開始だから、すでに建ってから56年経過していることになる。*

＊近隣の団地の誕生年と戸数――ひばりが丘団地59年２７１４戸、東久留米団地62年２２８０戸、滝山団地68年３１８０戸。

ちなみに滝山団地の人口＝滝山2、3、6丁目の人口は、２０１０年６８８１人、２０２０年５８５７人（国勢調査）となっている。人口減少は止まっていない。

建て替えるか、建て替えないかは、住んでいる方々が決めることであり、外野からとやかく言う筋合いではないことはわかっている。しかし、ドラマのような温かい共同性はフィクションだとしても、旧い団地にも、これまで気づかなかったような価値があるかもしれないではないか。そうすると、そもそも団地の耐用年数はどれくらいなのだろうか、気になる。

そこで建築の専門家の意見を聞くことにした。

▼団地の耐用年数

一級建築士のＮさんは、大小さまざまな建築物の設計や街づくりに携わってきたかなりのベテラン。大学で社会学を講ずるという貌(かお)ももつ。老朽化した建物についての相談や調査を何度も依頼されたことがあるそうなので、まさに意見を聞くのにうってつけの専門家だ。

ずばり、団地の耐用年数を聞いたところ、一枚の表を見せてくれた。

「建築物の耐用年数（一般建物）各部材点検・改修時期一覧表」である。

これは団地のような建物にも適用できる。建築外部の「躯体」「防水」…建築内部の「床」「天井」などの部材ごとに、耐用年数、点検時期、要部品交換、一部改修・修理時期がわかるようになっている。これを見ながらN氏は、

「公営住宅法では70年になっていますが、物理的には最長60年、というところでしょうね」と語った。

「『躯体』は『外壁』『床』『屋上（屋根）』に分かれ、耐用年数は65年となっています。それらを構成するコンクリートがどれだけ持つかということです。ただし、これは建物の構造だけのことで、内装はそんなに持たない、20年とか30年で改修が必要です。でもそれは2回が限度でしょう。するとだいたい60年が限界ということになります。

ちなみに原子力発電所の耐用年数は60年といわれます。原発のコンクリートは、それくらいで劣化が相当に進み始めるということです。

また、団地の耐震性の問題もあります。旧い団地はいつ耐震補強工事をしたかということで、寿命は変わってきます。

次に、税法上でいえば47年が区切りです」

？？？

「つまり、建築物は毎年減価償却していくわけですが、47年経つと減価償却は終わり、税法上の資産価値がなくなります。その意味での47年ですね」

なるほど、実務をこなす人らしい教えだ。さらに社会学者らしいユニークな意見もいただいた。

「団地の耐用年数には社会的側面もあると思います。団地が当初もっていた社会的役割は、住民構成の変化、立地条件などで大きく変わってしまうこともあるはずです。それを無視すると老朽化が進むだけです。

そこで発想の転換です。駅から遠く陸の孤島になっていて、買い物する場も遠い。エレベーターもない。空き部屋、空き地が目立つ。こういう状況は高齢者にはつらいですが、それを気にしない若者もいるはずです。たとえば、クルマやバイクが好きな人にとっては、そういう場所は願ってもないわけで、そういう人をターゲットにした集合住宅にリニューアルする方法がある、と思っています」

N氏は、神奈川県の鎌倉市、海に近い稲村ケ崎の築40年の木造アパートをサーファーのための住居にリフォームし、成功した実績がある。通勤には不向き、古い建物、しかし海に近いという環境を逆手にとった方法だ。

この応用ができるかということだと思う。必要なのはマイナスをプラスにする発想だろう。人口減少だってそれを気にしない人が集まればいいのではないか。団地の再生方法は一様ではないということだと思う。

▼「滝山団地」が主役になった書物

ところでもうひとつ、滝山団地について語っておかなければならないことがあった。

滝山団地の名前が全国に知られることになった本のことだ。2007年刊の『滝山コミューン一九七四』（講談社）で、書いたのは近代の天皇や鉄道などについての著作が多い歴史学者の原武史。自分の小学校時代の強烈な教育体験をベースにしながら、70年代の東京郊外の教育現場や政治状況にスポットを当てている。その体験もユニークだが、北多摩のこの地域にスポットが当たることじたい、ほとんどなかったといっていいだろう。講談社ノンフィクション賞受賞がどれだけの影響があったか記憶にないが、書評等でかなりの話題になった。

『滝山コミューン一九七四』書影

「コミューン」という言葉の響き方は時代によって変わる。もし、74年にこのタイトルの本が出ていたら、闘争記録とか闘いのドキュメンタリーの本のように見えたに違いない。70年代はまだコミュニズムの評判は地に落ちてはいなかった。コミューンは「パリ・コミューン」のそれであり、なにか新しい共同体の運動についての報告書のような印象を受けていたはずだ。

しかし、『滝山…』が出たのは21世紀である。「コミューン」を肯定的にとらえた本ではないことは予想できる。

74年頃、滝山団地内の小学校では、民主主義をめざす新しい教育運動を実践する数人の教師がいた。その特徴は「集団主義」で、国家権力からの自立も標榜していた。それを支持する親たちもいて、団地全体が「集団主義」モードになっていた。そういう事態が「滝山コミューン」と呼ばれているように思える。

「集団主義」は平準や平等を旨とする。そして、そこから逸脱する者を抑圧する側面をもつ。その「被害」をもろに受けたのが小学校時代の著者だった、というのがこのノンフィクション作品の基調となっている。

▼団地的な政治空間

この本が出た当時、「滝山」というのは自分が知っているあの団地のことらしい、それにしてもあの滝山団地が「コミューン」? そうことで、訝しく思いながら読んだことを覚えている。

著者は「滝山コミューン」を「国家権力からの自立と、児童を主権者とする民主的な学園の確立を目指したその地域共同体」と規定している。この意味で「コミューン」は否定されているわけでない。

しかし、こういう運動において、目指された理念とは正反対の結果が出現するという逆説はしばしば起こりうる。民主主義を目指すはずが個人を抑圧してしまったり、権力を批判しようとする運動が権力になってしまったりする。おまけに本人たちは良かれと思ってやっているから、よけいにたちが悪い。滝山団地はそうした歪んだ共同体になっていた、とこの本は述べている。

つまり70年代、東京郊外・北多摩の滝山団地はただのベッドタウンではなかった。そこは政治的意識をもった右のような共同体だったということである。そして政治的な団地は滝山だけではなかった。このへんの団地は「革新勢力」の支持母体としての側面もあった。同著者の『滝山…』の続編にあたる『レッドアローとスターハウス』（２０１２年、講談社）には、その詳しい分析がある。同書のサブタイトルは「もうひとつの戦後思想史」となっていて、均一的、画一的な団地とソ連型社会主義との親和性、西武鉄道と団地の密接な関係についても述べられている。

『レッドアローとスターハウス』書影

ただし、「滝山コミューン」は長続きしなかったようだ。核になった人物の異動もあり、80年を待たずコミューンは崩壊したとある。パリ・コミューンは約2カ月で潰えている。コミューンはある種の理想郷だから、短命に終わる宿命なのだろうか。

▼「廃墟」なのは団地だけではない

団地ライフは50年代後半から60年代にかけて憧れの的だった。高度成長と重なり戦後の国民生活の象徴だった団地暮らしは、当然のように変化していった。当初合理的で近代的な生活の最先端だった団地の生活様式は、時代の流れのなかで当たり前（もしくはそれ以下）になっていった。生活がどんどん多様化していくなかで、たとえば「団地サイズ」は、あまりゆとりがないという響きをともなうようになった。

21世紀になると、改築されない団地は画一的という特徴はそのままで古び、時代から取り残されたようなレトロ感が漂うようになる（もっともそれを楽しむ「団地萌え」の人もいたようだが）。

『滝山コミューン』は、２００７年頃の滝山団地界隈についてこのように述べている。

《（団地を30年ぶりに訪れて）この静けさはいったいどうしたことか。通りに人の姿が全く見えない。商店街は昔のままなのに、まるで廃墟のように活気がない。》（ｐ８）

つまり「団地の時代はとうに終わった」（ｐ２８４）というのが、この本の団地についての総括だろう。

団地は時代の主役ではなくなったのはだれの目にも明らかになった。問題はここからだ。

それから10年以上が経った現在、この「廃墟のような」風景は団地のことだけではなくなっている。日本全国の街々はさびれ、シャッター商店街は増えこそすれ、減っていない。これは郊外も地方も都心でも起こっている事態だ。

とはいうものの、ここ数年、月一回ほど滝山団地を通過する用事があるので気づいたのだが、滝山はまだましなほうではないか。イトーヨーカドーはなくなったが、替わりにヤオコーが入っているし、かつてのヨーカドーの駐車場には家電量販店が建っている。バッティングセンターはなくなったが、跡地にはラーメン屋が建ち、少し前だが同じ通りにはスーパーやJAの販売所もできた。ひょっとしたら、筆者が日々利用するひばりヶ丘駅周辺のほうが、さびれ方は深刻では、と思っているくらいだ。

だから、団地の課題は、すべてのまちや住空間の課題でもある。

効率性、合理性、生産性を優先する社会のシステム化は、これからも進んでいくだろう。巨大資本はもちろん、国家もやっきになってこれを推進している。効率性からはみ出すものを「無駄」として切り捨てれば、多様性はなくなる。

でも、それでいいんですか、ということである。序章でもふれたが、〈横丁の蕎麦屋〉は必要なのだ。効率の悪いものを切り捨てれば、面白味のある豊かな生活は得られない。天下国家のこと（つまり理想や理念）より、私生活の面白味を優先させるのかと問われれば、そのとおりと答えよう。

立派で高邁な理想を啓蒙するという発想ではなく、私的利害をもっと追求するしかないと思う。すると必ず齟齬が起きる。隣人には間違いなく不愉快な者がいるといっていい。共同体はいつも両義的である。しかし、それはそれ、世の中そういうものだと思ってそれに耐えようということだ。理想や理念は調整できないが、「利害」は調整可能な場合があるからだ。

▼新型コミューン？

そもそも「理想」はあやういというのは、本書の共著者・鷲田小彌太がつとに指摘するところである。

ユートピアは簡単に反転しディストピアと化す。

本書がタイトルを拝借したチャールズ・ディケンズの『二都物語』は、18世紀末のフランス大革命の際、市民が暴走し「自由・平等・友愛」とは正反対な凶悪で無軌道な状況をつくりだしたことを執拗に描いている。

また、ロシア革命でも、大衆に奉仕するはずの党が全能の存在となり、党の独裁にいたった。そして不自由極まりない全体主義国家が生まれ、やがて崩壊した。

つまり、理想やその理念は空疎な大義名分や題目となり、手段が目的と化し、個人を抑圧する

滝山団地にて

体制が成立してしまう危険がある。これは国家レベルだけのことではなく、東京郊外の団地でも起こっていたということでもある。

　それをふまえたうえで、圧倒的なシステム化に抗していく必要があるだろう。大言壮語禁止。地味にやるしかない。身近なものを見直すことはその一歩かもしれない。ちいさなことを喜びうる発想は新たな価値の発見につながる可能性がある。

　ドラマ『団地のふたり』が描くほんわかムードの共同体はフィクションであるにもかかわらず、それが希求されていることは間違いない。ひとりひとりの「居場所」を支える共同性が求められているということだろう。それを旧い団地が実際担うことができれば、画期的なことになる。巨大なシステムに抗する小さな共同体というコンセプトは、ありがちとはいえ、捨てがたい魅力がある。
団地の新たな価値が見出されるのは、これからかもしれない。

第4章　消されつつある起源

(1) 田無と保谷の源流をさぐる

田無の発祥の地とされる場所がある。田無駅や市庁舎から離れているが、西東京市が立てた案内板もある。よく考えるとミステリアスなこともあるが、ここが西東京市のはじまりの地であることは、あまり知られていないと思う。

▼もともと明治薬科大学があったところ

西武池袋線ひばりヶ丘駅南口から、谷戸新通りを田無方面に向かいまっすぐ南下してちょっと、バス停でいうと「住友重機械工業前」のすぐそばに、西東京市の「谷戸せせらぎ公園」がある。この公園の南側は少し高くなっていて、いまは大きなマンションが建っているが、1998年までは明治薬科大学があった（清瀬市に移転）。それを知る人には、明治薬科大があった場所の隣といったほうがわかりやすいだろう。

入口の案内板には意外なことが書かれていた。

「せせらぎ公園」の入り口からの眺め　公園が窪地であることがわかる

《田無の発祥の地は、年代は明らかではありませんが、水の便に恵まれていた谷戸地域であろうと推定されています。》

つまり、ここは田無という村あるいは集落が始まった場所ということになる（水が豊かなのに「田無」とはいかに？とは思うが、名前の由来は諸説あるようで、答えは不明）。

公園は2001年の開園、大学の移転の流れで整備されたと想像される。「水の便に恵まれて」というくらいだから、たしかにこの場所は窪地で、いかにも水が湧いていそうなロケーションになっている。公園には池と小さな水路があるが、訪れた日は設備が故障していて水が止められていた。

それにしてもこの場所は、西武新宿線・田無駅がある中心街からずいぶん離れているし、なんでここが発祥の地？と思わずにいられない。

『田無市史』をのぞいてみても、旧田無市内の石神井川周辺には縄文時代の遺跡の存在が認められているし、石神井川をもう少し下ると旧保谷市には大規模な縄文遺跡である下野谷遺跡があり、国史跡に指定されている。ということは、田無のはじまりは縄文人が住んでいたであろう石神井川周辺ではないのか、という疑問がわいてくる。

しかし、先の案内板には「年代は明らかではない」とある。ひょっとするとそれは縄文時代だった可能性もあるということだ。『田無市史』も、縄文時代の市内にはこのような窪地はいたるところにあっただろうと述べている（第2章第4節　窪地地形と考古学調査）。

たしかに縄文時代、田無地区に人びとが暮らしていた可能性は高いが、この地がそうだったかどうかはわからない。さらに、田無の縄文遺跡に暮らしていた人びとと、その昔「田無村」を形成した人びとが、直接つながったかどうかもわからない。むしろその可能性は低いだろう。なので、そのミッシングリンクを考えるには、いろいろな伝承が大切になってくる。

▼移動する神様

「せせらぎ公園」あたりが、田無の発祥の地と目される理由に、田無の象徴的な存在である田無神社の前身が、この周辺にあったことが挙げられる。田無神社の由緒書（先の案内板に載っている）によると、それは、尉殿権現（じょうどのごんげん）という神社で、公園から300メートルくら

池には水がなかった

せせらぎ公園にある「龍神の井戸」

い南の宮山（現在の田無二中の場所）にあったという。宮山は村の中心で、正応年間（1288～1293年）、鎌倉時代にはそこに鎮座していたらしい。

しかし「せせらぎ公園」と「宮山」は少し離れているのが気になる。そこで田無神社のホームページを見てみると、少し違う解釈が載っていた。

《（水を司る神様が）当初は北谷戸に尉殿大権現と称して鎮座していましたが、16世紀のはじめ頃に宮山（現在の田無第二中学校のプールの辺りに）に尉殿大権現が移されました。》

つまり、最初に（おそらく鎌倉時代）水の神さまが鎮座していた「北谷戸」というのが、「せせらぎ公園」あたりなのだろう。それが16世紀というから室町から戦国時代に、「宮山」に移動したということである。だから「せせらぎ公園」あたりが田無の発祥の地なのだろう。

なお、尉殿権現は暴風を鎮め、水を司るといわれる龍神とされる。せせらぎ公園内に「龍神の井戸」があるのは、これに由来するものと思われる。

さらに時代が下り、江戸時代になると、田無周辺の様相はかなり変わる。なんといっても青梅街道の開通が大きい。江戸城を増改築するために材料運搬の必要もあって青梅街道が開かれると、街道近くに住む人びとが増えていった。村の中心は移動したのだろう。それにともない尉殿権現は17世紀、現在の田無神社の位置（西東京市田無町）に遷座したという（以上、田無神社のホームページを参照した）。

また同じ頃、尉殿権現は、田無神社とは別のところにも分祀されている。その名もずばり尉殿神社で、せせらぎ公園から300メートルくらい東、西東京市住吉町にある。ここは旧保谷市であり、この神社は上保谷地区の鎮守さまだという。

なぜ尉殿権現が田無と保谷に分かれて祀られたのだろう？　田無と保谷の綱引きだろうか？

その理由は不詳だが、田無神社には男神・級長津彦命（しなつひこのみこと）、尉殿神社には女神・

級長戸辺命（しなとべのみこと）が祀られ、二つの神社の神さまは夫婦であるという伝承が残っている。

さて、これから先は、歴史的根拠のない筆者の想像である。

せせらぎ公園周辺略図

「谷戸」と「保谷」は、地名的にはかなり近しいものを感じさせる。ということは、保谷の発祥の地もここだったりしないだろうか。すると、田無と保谷はもともと同じ文化圏・経済圏だった。

その状況が変わったのは、右にあるように、江戸時代の青梅街道の開通が大きいだろう。田無ブロック、保谷ブロックが形成され、それぞれ違う神さまをいただく必要があり、田無神社と尉殿神社ができた。もうこのころからは、この二つの地区は利害が違ってくることが多々あった。ありていにいえば、仲が悪かった。

保谷村が北多摩郡に入らなかったのは、このへんの歴史的事情があったのではないだろうか。また、現在のひばりヶ丘駅の旧駅名が、保谷町にあるのに「田無町」だったのも、田無と保谷の確執を感じさせる。田無と保谷の合併話はなんどもあったが（143頁参照）、なかなかまとまらなかったのは、こういう背景があったと考えることができる。

東久留米市の湧水、これを求め、多くの古代人が居を構えた

(2) 東久留米の水辺に古代人旧石器&縄文のまち構想

あまり知られていないと思うが、東久留米市には、驚くほど古代遺跡が多い。東久留米市は都内で唯一「平成の名水百選」に選ばれたこともあり「水のまち」を謳っているが、その自慢の川沿いには、ことごとく遺跡があるといっても過言ではないだろう。

▼東久留米「観光」の核に

次頁の図は、東久留米市内の「縄文時代前期遺跡」の分布図である。これだけでもけっこうなものだと思うが、この時代より前の「旧石器時代遺跡」や、市内では一番数が多い「縄文時代中期」を加えると、さらに川沿いは遺跡〝だらけ〟になる。

どれだけ本気なのかよくわからないが、東久留米市は「観光」に力を入れているらしい。ホームページをのぞいて「観光」で検索すると、「東京はしっこ☆チョコっと東久留米」というキャッチフレーズが出てきて、苦笑というか、でもこれはなかなかいいセンスではないかと思った。

要は東京の〝田舎〟なのだから「きれいな水」は当然として、HPにある通りそこに生息する生き物はウリになるだろう。ならば、その周辺の遺跡はかなりの〝お宝〟だと思うがどうだろう。なにしろ旧石器時代（3万年から1万年くらい前、とふり幅がある）*からこの川のそばで人びとが住み、生活を営んでいたわけである。これは「水」の観光的価値を高めるのに十分すぎるほどの要素だろう。

＊『東久留米のあけぼの　考古学にみる東久留米市の原始・古代』（東久留米市教育委員会、1999年）

観光学*の知見を借用すると、「観光地」にはそれを構成する必須な要素が3つあるという。

① 観光資源

② 観光施設

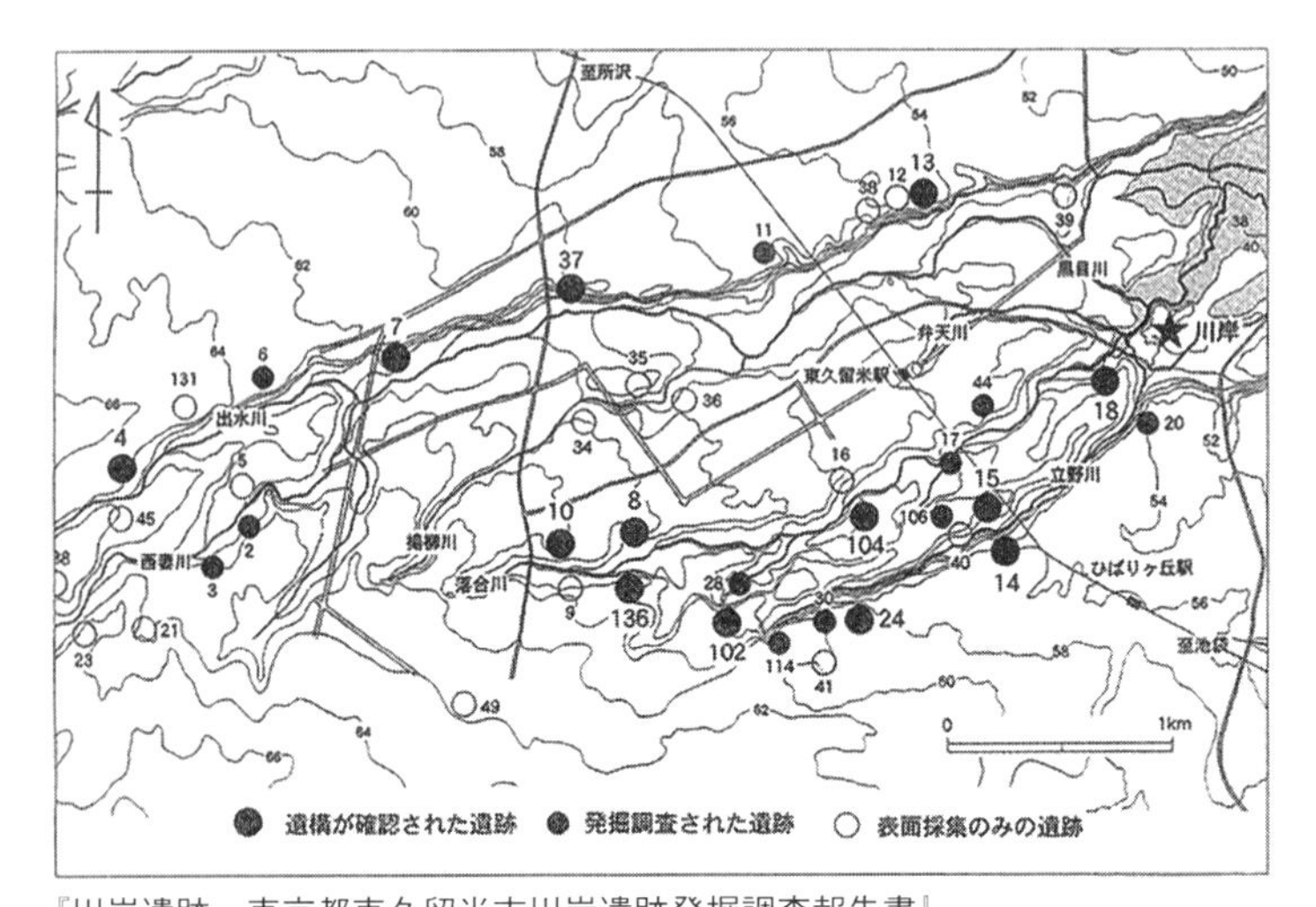

『川岸遺跡　東京都東久留米市川岸遺跡発掘調査報告書』
（東久留米市教育委員会　2003）より
番号は市が設定したもので、いくつかについては後述する。7番＝下里本邑遺跡 8番＝神明山南遺跡 14番＝自由学園南遺跡 18番＝三角山遺跡 44番＝新橋南遺跡 3番＝新山遺跡

③　人的要素（ガイド等のもてなし体制）

これらが揃い、アクセスの便利さが整うと、観光は総合産業として成り立ち、経済効果が上がるという。しかし、このうちの1つでも欠けていると「観光地」は成り立たない。たとえば温泉地だったら、温泉旅館だけが繁盛するのではなく、それをとりまくタクシーや土産店までが活性化しなければ、その観光地は持続できないということだ。

＊澤渡貞男『観光を再生する【実践講座】課題と手引き』（2021年、言視舎）

これを東久留米市に当てはめてみると、アクセスはまあまあとして、②川周辺が「観光」用に整備されているとはいいがたいし、③はなきに等しいだろう。インバウンド需要を考えるなら、なおさらだ。ということは、現状の東久留米は「観光地」たりえていないのである。当然といえば当然だが。

ただし、前述のとおり①は意外に充実しているのではないか。

昨今の消費行動の特徴は「コト消費」にあるといわれている。つまり単にモノを買うのではなく、そのモノにまつわる状況や物語を「買う」ということだ。そうした「物語」がさらなる消費を誘う。東久留米には豊かな湧き水（＝モノ）に加え、旧石器時代から縄文時代の前期・中期にまたがり、数万年にわたる壮大な歴史が潜んでいる。多くの社会変動があっただろうし、謎も多い。いろいろな「物語」（＝コト）が描けそうだ。この物語は観光資源といっていいと思う。

「水辺に立つと、何千年も前の古代人たちの息遣いが聞こえてきそう」なんちって。

▼旧石器時代の社会変動

では、具体的にどういう「物語」なのか。先に参照した『東久留米のあけぼの』は、旧石器時代から縄文時代中期までの解説にほとんどのページを割き、各時代の概論、それに対応する市内の遺跡について詳しく解説している。専門性もあるが、筆者のような素人でも理解できるありがたい本だ（そろそろ改訂版を出してほしい）。

同書によると、東久留米市では古いものでは約3万年前、旧石器時代の石器などが発掘されている（前出図の7番下里本邑遺跡、同8番神明山南遺跡）。そして市内の「旧石器時代で最も栄えたのは、今から1万8000年前頃の時期で、自由学園南遺跡（図14番）などの大規模な遺跡」もみられるという。どの遺跡も川べりにあることは言うまでもない。大規模な遺跡ということは、そこに暮らしていた人びとは狩猟採集しながら定住していたのだろうか。疑問は尽きない。

《遺跡の規模の違いや、焼けた礫のまとまりが増えることからも、かなり多様な生活が展開されていたようです。》

《ところが、旧石器時代の最終末の時期になると、遺跡数が減り、遺跡の規模も小さくなってしまいます。》

《つぎの縄文時代に向けて大きな社会変化があったようです。》（前掲書ｐ45）

　ここで挙げた3つの遺跡をはじめとして市内の旧石器時代の遺跡は、縄文時代前期の遺跡と重なっていることが多い。しかし、それは穏やかな移行というわけではなかったようだ。日本に旧石器時代があったことが証明されたのは、1949年に群馬県の岩宿遺跡が発見されてからだが、旧石器時代⇩縄文時代への移行には解くべき謎がたくさんある。これも観光地をめぐる「物語」といえるだろう。

▼縄文時代前期の交通ネットワーク

　次は縄文時代前期（紀元前3000～5000年）をめぐる物語である。例として、落合川沿いの新橋南遺跡（95年に発掘、図44番）を取り上げよう。この遺跡は東久留米市立第二小学校南に隣接し、川岸遺跡、三角山遺跡（図18番）と〝ご近所さん〟である。遺跡が存在した時間が重なれば、きっと〝ムラ〟を形成していたに違いない。

　ここでは住居跡が2つ見つかっていて、そこには石器を製造した跡が残っていたという。石器は、黒耀石などの武蔵野近辺で採れない材料でできている。それらは「長野県の和田峠、静岡県の柏峠、東京都の神津島」という複数の産地からやってきたようだ（前掲書ｐ127）。つまり何千年も前から、この地はそういう地域と交通があったということになる（旧石器時代から遠隔地をつなぐネットワークはあったようだが)。

では、交通手段は? この時代も川がものを言ったのではないか。

縄文前期は「縄文海進」の時期で、温暖化によって水位が上がり、関東地方の内陸でも現在より海がかなり近かったといわれている。東久留米市内を流れる黒目川は朝霞市で荒川に注ぐが、そのあたりは海(古入間湾)で、朝霞市には貝塚が残っている(朝霞市のホームページ)。とすれば、東久留米から、川から海へという水路を通り、想像以上の遠隔地と交流していたことが考えられる。

この茶畑の名残の左奥に「新橋南遺跡」があったと思われる。現在その痕跡を示す立て札などはない。

縄文後期がメインの遺跡だが、東村山市の下宅部(しもやけべ)遺跡からは6メートルを超える大きな船が発掘されている。*そういう船に乗って、武蔵野の縄文人たちは海に漕ぎ出して行ったのではないだろうか(*ひばりタイムス企画班編『北多摩戦後クロニクル』参照)。

このようにみると、古代史を考えるにあたっては、現在の行政区分を越えた広い視野をもたなければならないことがわかる。『北多摩戦後クロニクル』には、東村山市の下宅部遺跡のほかにも、西東京市の下野谷（したのや）遺跡、小平市の鈴木遺跡が登場している。それらはどんな関係があるのか・ないのか、そういうことを調べることじたい、観光の資源になるに違いない。

▼ムラはこつ然と消えた

そして縄文時代中期には、さらに興味深い「物語」がある。

前出『東久留米のあけぼの』に、中期後半の遺跡のひとつとして「新山（しんやま）遺跡」が取り上げられている。この遺跡は「ムラ」を形成するような大型遺跡で、祭祀の場、共同調理の場、墓域などムラの構造が4期に分かれ変遷している。そして――、

《居住域が分散したのと同様に祭祀の場と共同利用の場もそれまでとは全く別の所に変わり、墓域も…移動しています。そして、新山ムラでは、この時期を最後に人びとの活動の痕跡がぱったりとみられなくなります。》（前掲書p150）

つまり、ムラが消えてしまったというのである。現在から考えると、その前兆らしきものもある。このムラ「最後の住居」は、祭祀的要素がきわめて強い「柄鏡形（えかがみがた）住居」だという。縄文時代の遺跡に祭祀的な要素があるのは不思議ではないが、この形式の住居はそれまでには存在していない。何かを強く祈っていたのではないか、とこの本は想像している。では、何を祈っていたのか。

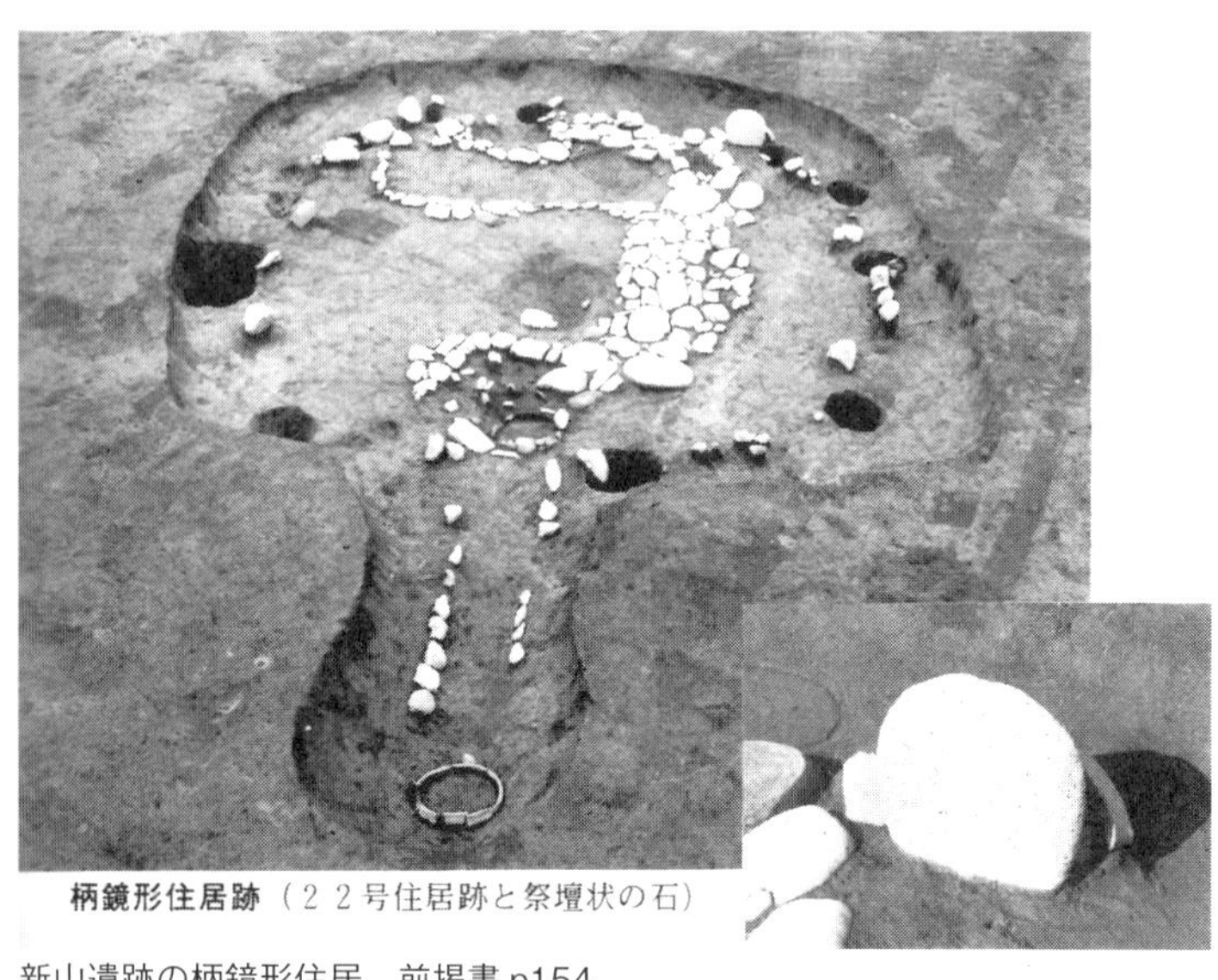
柄鏡形住居跡（２２号住居跡と祭壇状の石）

新山遺跡の柄鏡形住居　前掲書 p154

《柄鏡形住居がつくられた縄文時代中期の終わり頃は、自然環境が悪化して、それまでのように植物質食料が採れなくなった時期だと考えられています。…縄文時代の人びとは、自分たちの生活を支えてきた道具を祭り、再び豊穣な実りがあることを願ったのでしょう。》

しかし、その願いもむなしく、ムラはこつ然と消え、「新しい場所で新しい生活スタイル」を求めた。（以上同ｐ１５４～１５５）

同書は、縄文期におけるムラの消滅など社会変動の原因を、食料事情と考えているようだ。

《縄文社会は、生産の発達にともなう人口の増加→自然物のとりすぎ→人口の減少（ほかの地域への移動）を、…何回かくりかえすことにな》った。（同ｐ79）

つまり、定住していた人びとが、自分たちの食料を支える自然物が周囲になくなったため、食べていくことができず家を捨てる、そういうことがくりかえされたという考えだ。

▼さらなる仮説

とするなら、次のエピソードはどう考えたらいいだろうか。これは新山遺跡と同じ縄文時代中期後半（紀元前2300年頃）*の川岸遺跡についてである。竪穴住居跡から縄文土器を埋め込んだ「埋甕炉（まいようろ）」が発見されたが、それがすべて「意図的に壊された状態」だったというのである。

＊新山遺跡のこの時期について具体的な年代は記されていないので、川岸遺跡のものを流用する。

ちなみにこの住居は、祭祀がからむ「柄鏡形住居」ではなかったようだ。そこでの生活を放棄するから壊したのだろうが、それはなぜ？と思ってしまう。破壊が「意図的」ということが気になる。弥生時代は「敵」に備えてムラの周囲を堀で囲った環濠集落が有名だが、縄文時代であっても、ここではそういう対立があったのだろうか？　政治的・軍事的理由でムラを放棄したのだろうか？　などと妄想を膨らましていたところ、次の文章を目にした。

《記録のない時期に人口密集地が放棄されたうちの相当多くは、政治ではなく病気（引用者注：伝染病）が理由だったと考えてまず間違いないと思う。》（ジェームズ・C・スコット『反穀物の人類

史　国家誕生のディープヒストリー』p94、2019年、みすず書房）

つまり、伝染病の壊滅的な流行があって、ひとびとはムラを放棄せざるをえなかったのではないか、ということである。だから、伝染をふせぐ「意図」をもって生活の場を破壊した、こう考えることはできないだろうか。

ただこの仮説にはいろいろ問題がある。そもそも『反穀物の人類史』は、メソポタミア文明を主な対象として（注には日本の縄文時代についての言及はあるが）、国家の成立と農業、定住などの関係について詳しく研究した本だ。これまで、定住と農業が国家の形成につながったと考えられていたが、じつはそれらに因果関係はなく、定住や作物栽培は、初期の国家が生まれる4000年も前だったという「常識破り」や、初期の国家は伝染病に悩まされたことが何度も述べられている。

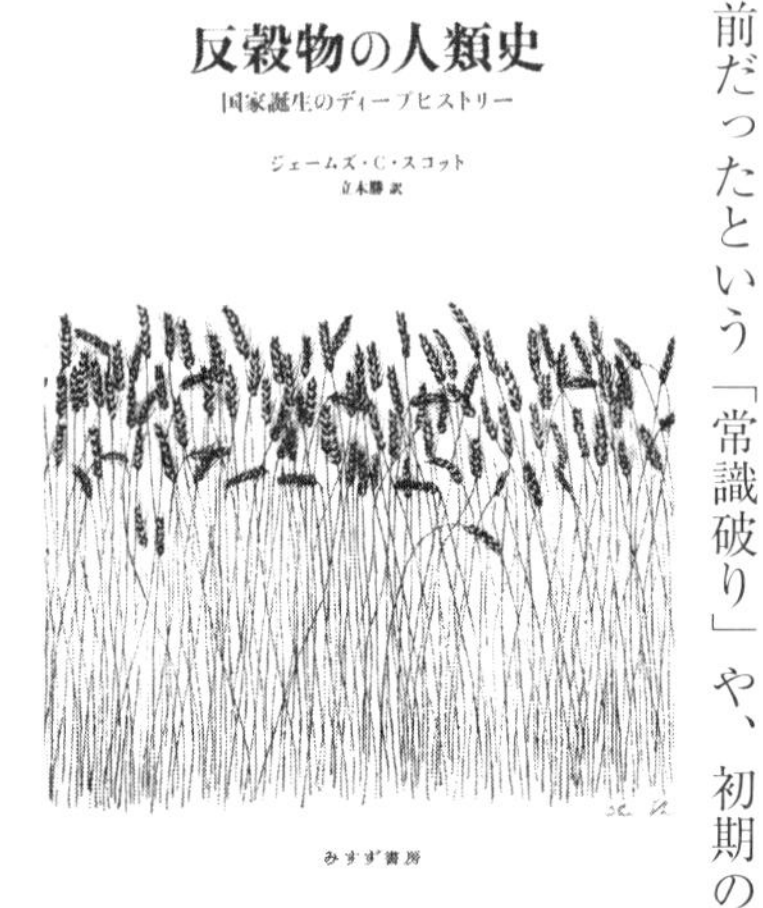

『反穀物の人類史』書影

まず、メソポタミアについて考えられたことを、日本列島にどこまであてはめられるかという問題がある。また先の「伝染病説」は、紀元前3000年代半ば、メソポタミアに初期の国家ができたかできないかの頃の話なので、縄文中期末の遺跡放棄とは時代的に1000年ほど離れている。

にもかかわらず、「意図的な」破壊の原因は伝染病の蔓延ではないか、という仮説は捨てがたい。

食料か、あるいは戦争か、伝染病か、なにやら現在のことみたいだが、日常的に目にする川にも、これだけの「物語」が潜んでいるのである。

（3）北多摩のフォークロア　お札に描かれた「オイヌさま」の正体は？

206頁の写真をご覧いただきたい。「武蔵国」（東京や埼玉あたりの旧国名）の「御嶽山」（奥多摩にある）のお札なのだが、「犬」が描かれている。この「犬」の正体は？　というのがここでのテーマになる。それを述べる前に説明を少し。

▼垣間見える〝江戸〟

まず、このお札が貼ってある場所について。ここは東久留米市を流れる落合川の不動橋のたもとである。「不動明王坐像」が祀られていて、その囲いにこのお札が貼られている。高度成長のどぶ川から清流に甦った落合川が、とても東京とは思えないこの風景をもたらしている。

この〝お不動さん〟は市の有形文化財になっていて、江戸期の１８２６年の造立、と解説板に書いてある。解説板を参照しながら不動尊について注釈しよう。

不動尊は一切の悪を断ずる存在として信仰を集めてきた。悪をやっつけるため憤怒の表情で、右手に剣、左手には密教でつかう「羂索」（縄）を持つ。像の下部には、密教系ではおなじみの梵字（サンスクリット文字）が見える。

像の脇には「落合村」という村落名（江戸期古地図を見るとこの名がある、現在は東久留米市）と寄進者も刻まれている。この近くにはやはり江戸期の庚申塔があり、ここには庚申講があったことをうかがわせる。

庚申講というのは、60日に1回ある「庚申」の日に、徹夜して眠らず身を慎めば長生きできるという信仰をベースにした村々の集まり。江戸時代に盛んだったようで、人びとは徹夜のイベントを楽しんだようだ。

この地の不動尊や庚申塔は現在もきれいに清掃され、花が手向けられている。いまだに信仰が静かに生きているのを見ていると、江戸時代の暮らしの一端が見えるような気がする。

▼オイヌさまの護符

さて、冒頭のお札に戻ろう。この黒いオイヌさまとは?というテーマである。といったものの実は、筆者がこのお札を意識したのは、ある本を読んだのがきっかけだった。その本の名前を記すと、答はおのずとわかる。

その本は『オオカミの護符』(小倉美惠子、新潮社、2011年)というタイトルで、カバー(表紙)には、次頁の写真とほぼ同じものが写っている。

この黒い犬は日本では明治維新とほぼ同時期に絶滅したといわれるニホンオオカミなのである。

この本を読むまではそんなことはまったく知らなかった。ただこの護符を見た記憶はあり、あ、オオカミだったんだ、と感心した覚えはあった。といっても読んだのは10年以上前で、すっかり

上　奥多摩にある御嶽山のお札
左上　お不動さんの囲い、お札は右の柱に貼ってある
左下　不動明王像

忘れていたところ、数年前から地域の歴史に関するコラムを書くようになり、地元を違った視線で眺めるようになったとき、このお札が目に入った。いまは見えなくなってしまったネットワークがちょっと顔を出したような気がした。

この本の著者は、川崎市宮前区土橋（つちはし）の農家の生まれ。自宅の土蔵の扉に貼られた一枚の護符、祖父母らが「オイヌさま」と呼んで大事にしていた「護符」の正体を追ってまとめたのが『オオカミの護符』という本である。著者は映画プロデューサーのようで、同名のドキュメンタリー映画もつくっている。

川崎市宮前区土橋は東急田園都市線沿線にあり、渋谷から約30分というから、西武池袋線でいえば所沢か小手指くらいの位置関係だろうか。池袋線と違って田園都市線沿線は高級住宅街となっているようだが、住宅地のなかに農地や雑木林の名残がある、というのは北多摩や埼玉南部と似たような状況ではないかと想像できる。

『オオカミの護符』書影

そのような東京の郊外に広がっている住宅地に、かろうじて残っているかつての農村共同体の痕跡を追っていくと、その暮らしぶりや土俗的な信仰の一端が見える。納屋に貼られた護符はその地から遠く離れた奥多摩にある御嶽山（みたけさん）の武蔵御嶽神社に由来するものであることを、この本は明らかにする。

村では「講」が組織され、農作業の無事と豊作を祈念して、毎年代表を御嶽山に派遣する。その行事は「いま」も（本が書かれた2011年あたりまでは）存続しているという。

根底にあるのはオオカミへの信仰だ。オオカミはイノシシやシカなどの害獣から農作物を守ってくれるありがたい存在であることから、やがて神さまとして敬われるようになった。

護符にある「大口真神」は「おおくちまがみ」と読む。その名前の社が御嶽神社の境内にあり、その神体はオオカミである。

このオオカミ信仰は山岳信仰と習合して、武蔵国の山岳地帯に広まっていて、秩父には「オオカミ神社」が密集しているようだ。「オオカミ神社の分布とニホンオオカミの棲息域は一致する」という（同書p105）。

▼「武蔵国」に広がっていたオオカミ信仰

この信仰はかつての「武蔵国」一円に広がっていたらしい。

ほかの本で知ったのだが、なんと渋谷の宮益坂にも「御嶽神社」があり（渋谷郵便局の近く）、その狛犬がオオカミなのだという（川副秀樹『東京「消えた山」発掘散歩』）。同書によると、ここでは盗難、火災、狐憑き除けのために前掲とほぼ同じ護符が求められた。

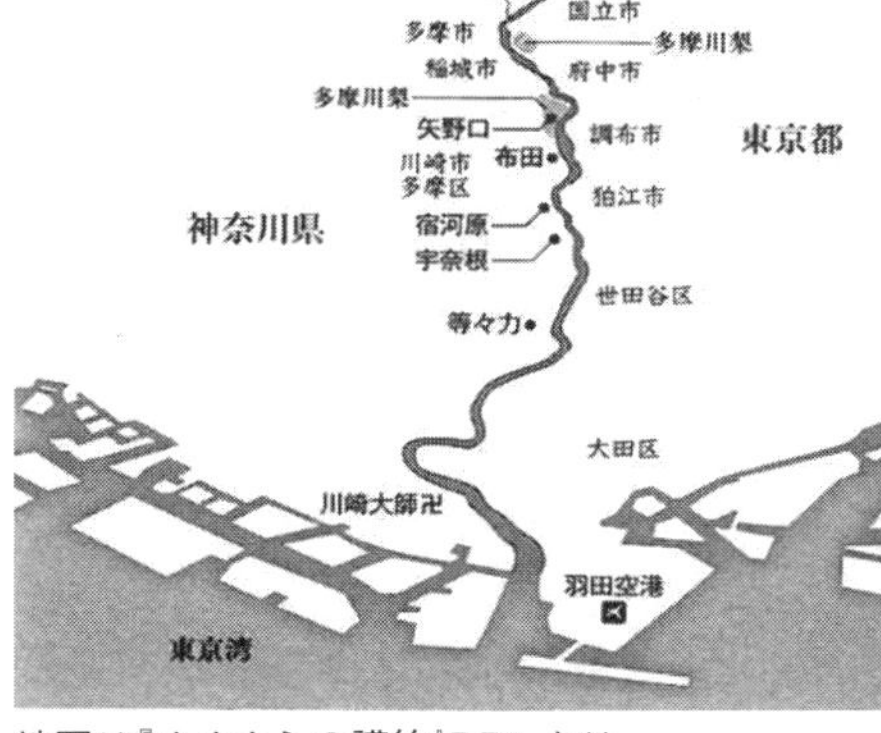

地図は『オオカミの護符』P51 より

　思わぬ場所と場所がつながっている。川崎市の土橋と奥多摩の御嶽神社は、上の図でもわかるように多摩川を介したネットワークだろう。それが渋谷あたりまでつながっているのは興味深い。

『オオカミの護符』には、東京都の北多摩地区と隣接する埼玉県新座市が登場し、「野火止（のびどめ)」という地名に注目している。この近辺にも「オイヌさま」の札は広まっている。先にもふれたが、オイヌさまには火除けの意味があり、「野火止」は野焼きを連想させるから、オオカミ信仰と野焼き=焼き畑の関連を著者は指摘する。

野焼きというのは、江戸期、柳沢吉保が川越の藩主だった時代、武蔵野の各地が盛んに開墾されたのだが、その際使われた手法だという。野を焼くのは「切り拓いた原野が再び元に戻るのを防ぎ、耕作を維持するため」(p88)だった。そして、開墾直後に植えたのは蕎麦だったという。武蔵野は「うどん=小麦」文化だと理解していたが、もともとは「蕎麦」文化があったのだろうか。

▼東久留米のオオカミ

野焼きと関係があったかは不明だが、東久留米にも「オオカミの護符」が存在していたことは冒頭に述べたとおりだ。このお札がどれくらい前のものなのか、本に出てくる川崎のような講が東久留米にも存在しているのか、わからない。ただ、この地にもオオカミ信仰があり、奥多摩の武蔵御嶽神社とつながりがあったのは確かだ。先に述べたように、すぐ近くには庚申講があったようだから、御嶽講があったとしても不思議ではない。お不動さんにお参りする人はいまもいる。ほとんど消えた共同体がまだ息づいている。

つい最近まで、東久留米市南沢の道路沿いにある農家の野菜売り場にこの札があり、写真を撮ろうと思っていたのだが、建て替えられてしまった。ちょっと悔いがのこる。

　ちなみにオオカミ信仰の地でいうと、東久留米だと秩父のほうが近いのかと思い、秩父三峰神社と御嶽神社に徒歩で行く場合の時間を調べてみた。前者までは約20時間、後者だと約9時間40分と出た。奥多摩のほうがずいぶん近い。こんなことがすぐにわかるとは、便利な時代になったものだ。

不動尊はいまも信仰の対象

あとがき

この本の成立経緯については、第1部序章の1（4）で述べられている。2つの「ひばりが丘」というほとんど洒落のようなきっかけによって、「2都物語」が生み出されたことになる。

筆者は20年の長きにわたって鷲田小彌太先生の本の編集を担当してきた。そのおかげで、「門前の小僧習わぬ経を読む」のたとえどおり、いつしか筆者も書く真似事を始めた。コロナ禍で生活のパターンが変わったのをきっかけに、月に1回、自分が長く住む地域の報道サイト「ひばりタイムス」に地元の歴史に関するコラムを連載するようになった。少しあとになって同サイトでは『北多摩戦後クロニクル』というプロジェクトが始まり、そこで書いた原稿が、少し鷲田先生を刺激したようだ。

先生は本書1部で、2都を考察する意味を解きつつ、愛郷である札幌郊外の「厚別」の物語を紡ぎ、「郊外」の可能性を述べられておられる。一方筆者は、「それぞれが勝手に書くこと」という先生の方針に従い、東京郊外「北多摩（主に北部）」という土地が想起させるあれこれについて勝手に述べることにした。「風土記」という言葉がふさわしいかわからないが、どんなに地味で、何もないと思われている土地にも固有の物語があり、それを記しておきたいという思いからの命名なので、力不足であってもご寛容願いたい。こういう試みによって、読者のみなさんが「自分のまち」を発見することにつながれば、と思っている。

なお、2部に収載した文章の多くは、現在更新を中止した「ひばりタイムス」と、その後継サイト「はなこタイムス」に掲載したものに加筆したものである。両サイトの運営者と毎度刺激をいただいている寄稿者諸氏にお礼申し上げる。また「ひばりタイムス」連載の原稿は、間もなく『西武池袋線でよかったね』（交通新聞社新書）という書物にまとまる予定である。

最後になりましたが、共著という光栄かつ分不相応な役割を与えてくださった鷲田小彌太先生に、あらためて感謝いたします。

杉山尚次

[著者紹介]

鷲田小彌太（わしだ・こやた）

1942年、白石村字厚別（現札幌市）生。1966年大阪大学文学部（哲学）卒、73年同大学院博士課程（単位修得）中退。75年三重短大専任講師、同教授、83年札幌大学教授、2012年同大退職。

主要著書に、75年『ヘーゲル「法哲学」研究序論』（新泉社）、86年『昭和思想史60年』、89年『天皇論』、90年『吉本隆明論』（以上三一書房）、96年『現代思想』（潮出版）、07年『人生の哲学』（海竜社）、07年『昭和の思想家67人』（PHP新書〔『昭和思想史60年』の改訂・増補〕）、その他91年『大学教授になる方法』（青弓社〔PHP文庫〕）、92年『哲学がわかる事典』（日本実業出版社）、2012年～『日本人の哲学』（全5巻、言視舎）ほか、ベストセラー等多数。

杉山尚次（すぎやま・なおじ）

1958年、東京生まれ。東久留米市在住。言視舎代表。

[本文 DTP 制作………勝澤節子
編集協力………田中はるか
装丁………足立友幸

2都物語 札幌・東京
2つの「ひばりが丘」から歴史探索を開始する

発行日❖2025年3月31日 初版第1刷

著者
鷲田小彌太
著者・発行者
杉山尚次
発行所
株式会社言視舎
東京都千代田区富士見 2-2-2 〒102-0071
電話 03-3234-5997 FAX 03-3234-5957
https://www.s-pn.jp/
印刷・製本
モリモト印刷㈱

ISBN978-4-86565-291-8 C0036

言視舎刊行の関連書

978-4-86565-124-9

イノベーションの大地 北海道

「北海道」と命名されてから150年、その歴史はイノベーションの連続だった。技術革新にとどまらない、変革を成し遂げた人《イノベーター》やその発想を、歴史と地誌から追いつつ、現在のイノベーションの現場を紹介する。

鷲田小彌太＋井上美香著　四六判並製　定価1600円＋税

978-4-86565-277-2

藤原不比等と紫式部
日本国家創建と世界文学成立

藤原家の創始者・藤原不比等を中心に、日本国家創建から平安朝の成立・展開を歴史的な権力論として分析すると同時に、最澄と空海の宗教思想、万葉集から「世界文学」としての平安王朝文学への流れを追う、哲学者ならではの広い視野にたった画期的な一冊。

鷲田小彌太著　四六判並製　定価2300円＋税

978-4-86565-260-4

納得する日本史 古代史篇

異端や定説など「諸説」を論理的に整理、数々の謎や論争を検証しながら「なるほど、こう考えれば合点がゆく」という道筋を示す、哲学者ならではの画期的な一冊。歴史という「作品」を読み解きながら、独自の日本史像を提示する。

鷲田小彌太著　四六判並製　定価2000円＋税

978-4-86565-265-9

人物名鑑 古今東西いま関西

関西が熱い！　関西人とはどういう人なのか？
　関西人とは訛りを残した世界人である。23人の関西人の本質に迫る。「社長の哲学」「社長の読書」を併載。プルタルコス『英雄伝』、史記の人間哲学に学ぶ。

鷲田小彌太著　四六判並製　定価2200円＋税

978-4-86565-272-7

北多摩 戦後クロニクル
「東京郊外」の軌跡を探る

住んでいる土地の再発見！　東京23区に隣接する北多摩北部（東村山・清瀬・東久留米・西東京・小平）周辺をとらえかえす。激変したこの地域史は戦後社会の動きを凝縮している。地域報道サイトで連載された好評企画の単行本化。

ひばりタイムス企画班編　A5判並製　定価2200円＋税